本书系哈尔滨工程大学2014年度中央高校基本科研业务费专项资金项目最终成果，项目编号：HEUCF20141308。

2014年
黑龙江省社会科学学术著作出版资助项目

法律运行的道德基础研究

陈晓雷◇著

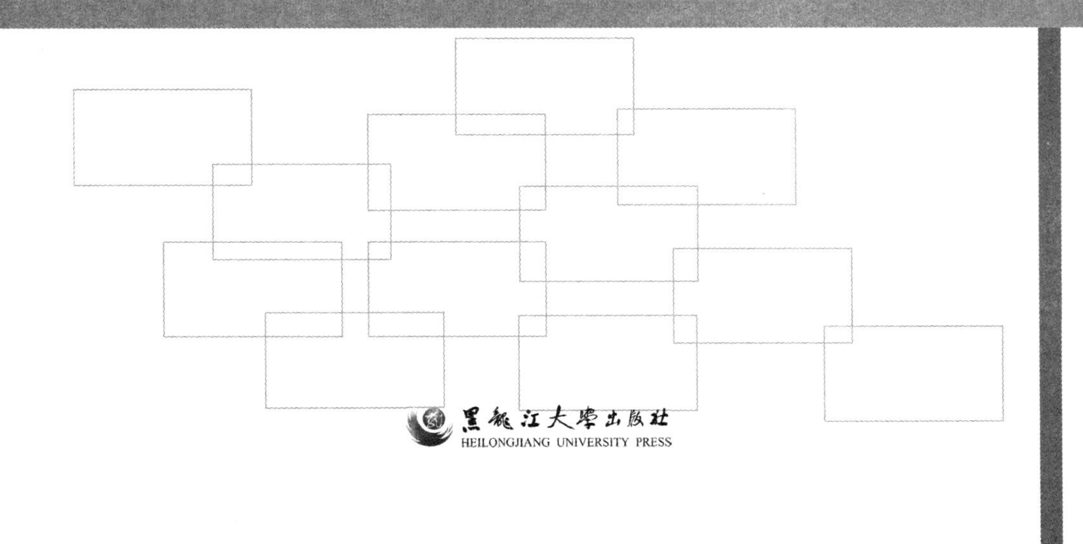

图书在版编目(CIP)数据

法律运行的道德基础研究 / 陈晓雷著. -- 哈尔滨 : 黑龙江大学出版社, 2014.10
ISBN 978-7-81129-811-6

Ⅰ. ①法… Ⅱ. ①陈… Ⅲ. ①法律-关系-道德-研究 Ⅳ. ①D90-059

中国版本图书馆 CIP 数据核字(2014)第 231121 号

法律运行的道德基础研究
FALÜ YUNXING DE DAODE JICHU YANJIU
陈晓雷 著

责任编辑 张怀宇 曲丹丹
出版发行 黑龙江大学出版社
地　　址 哈尔滨市南岗区学府路 74 号
印　　刷 哈尔滨市石桥印务有限公司
开　　本 720×1000 1/16
印　　张 11.5
字　　数 165 千
版　　次 2014 年 10 月第 1 版
印　　次 2014 年 10 月第 1 次印刷
书　　号 ISBN 978-7-81129-811-6
定　　价 33.00 元

目录

导　　论

一、问题的缘起

建设社会主义法治国家，实现依法治国，是社会主义现代化发展的必然要求，随着这一目标的提出，我国的法制建设迅速发展。从总体来看，我国立法速度快、水平高、规模空前，法制建设成绩显著。仅 1981 年至 2004 年期间，全国人大常委会就通过了 400 余部法律，国务院也制定了近 700 个行政法规，近两年更是飞速发展，仅 2012 年，全国人大常委会就审议通过了 21 个法律草案及修正案，2013 年又审议了 15 个有关法律问题的决定草案，修改法律 21 部，新制定法律 2 部。这在一定程度上实现了有法可依，立法对经济发展和社会进步发挥了重要的规范和调整作用。然而实践中，我国的法律运行情况却不尽如人意，假冒伪劣、钓鱼执法、权力寻租、司法腐败等违法犯罪的比例在不断增加，有法不依、执法不严、违法不究的现象相对于无法可依表现得更为严重。究其原因，固然有法制尚不健全的影响，除此，道德在法制建设中的基础作用未能充分发挥也是导致法律运行不畅的一个重要因素。道德是法律运行的基础，对立法起着精神引领的作用，是执法与司法的主体保证，是守法的内在支撑。法律运行包括法律的制定、执行、适用和遵守四个阶段，无论立法、执法、司法还是守法，都离不开人的具体操作，良法也必须由道德品质良好的人来具体制定、执行和适用。人们只有对法律产生内在的道德认同，才能保持守法的稳固和持久。作为社会基本的行为规范手段，道德与法律如鸟之双翼、车之双轮，两者相辅相成，缺一不可，共同对法律的有效运行发挥着重要作用。

然而当下，社会对法律运行中的道德基础作用重视不足。一段时期内，学界对法律运行不畅的原因分析大都集中于法制的不健全，并普遍注重对立法的完善而较少关注法律运行中的道德因素。固然，现行法制确有不健全之处，法制不健全也确为违法的原因之一，然而除此之外，道德对法律运行的影响也同样不可忽视，如果抛开道德因素而单纯地强调立法完善，并不足以使法律得到有效的运行。现实中，许多违法犯罪的发生并非因为无法可依，相反，在调整某种行为的法律规定十分健全、法律惩罚也极为严厉的情况下却依然发生违法犯罪行为，如腐败犯罪，相对于全面而严格的反腐败法律制度而言，腐败犯罪的高发和频发就恰恰说明了违法犯罪的增多并不是单纯地由法制不健全所导致的。同理，由于道德的缺失，许多法律在大幅度地修改和完善后却依然再次被违反、被践踏，如 2001 年针对药品回扣频发的违法现象，国家适时对《药品管理法》进行了重大修订，但时隔多年后，药品回扣现象依然屡禁不止。2000 年，针对当时严重的制售假冒伪劣产品的违法现象，国家也是重拳出击，对《产品质量法》进行了重大修订，不仅扩大了执法机关监管权力的范围，而且还加重了对产品违法行为的惩罚，但是修订立法后的实际效果却依然不理想，制售假冒伪劣产品的违法事件依然频发，甚至这几年还有愈演愈烈之势。其中，有关食品安全的法律制度更是备受关注，但时至今日，我们面对着“地沟油”、“瘦肉精”、“毒奶粉”、“染色馒头”，已经无法仅用“法制不健全”来概括一切违法根源。事实表明，仅重视法律的制定和立法的完善而忽视法律运行的道德基础，那么即使再完备、再先进的法律制度也不会得到有效的运行。

长期以来，由于对法律运行的道德基础作用重视不足，社会对违法事件的关注重点总是集中在相应的立法完善与否方面，出现了某种违法现象就立刻呼吁在某个领域加强立法。立法固然需要完善，完善了的法律也固然会发挥更多的作用，但是法制建设毕竟不能仅凭立法，单纯依靠法律手段来推行。这样只会使法制成为无源之水、无本之木，忽视了道德基础作用的单纯立法并不足以从根本上防止违法现象的发生。孙志刚事件后，学者们开始呼吁流浪乞讨人员救助立法，食品违法案件出现后，又立即着手食品安全立法，校车违章案件出现后，又着手校车安全立法等，这种头痛医头、脚痛医脚的做法不是解决问题的根本方法。社会学家孙立平指出：当代中国最关键的问题不是“无法可依”，而是“有法不依”。中国人民大学赵晓耕教授也指出：“中国不仅要解决法制不健全问题，还要关注执法、司法问题，执法、司法状况不佳是不争的事实，具体来说，就是人的问题，是人的道德问题。”①如果说“有法可依”指向的是立法问题，那么“有法不依、执法不严、违法不究”指向的就是人的道德素质问题。针对道德缺失导致的“有法不依、执法不严、违法不究”现象，如果仅以“无法可依”作为原因，则确实值得商榷。李建华、周小毛在《腐败论——权力之癌的“病理”解剖》中也明确表达了类似的观点，他们认为，过分推崇法制的作用，认为只要订立完备的法律制度就能根治职务犯罪而忽视道德教化的作用，是错误的。相对于法律制度的强制力而言，道德固然是一种软约束，但是道德规范一旦内化为人的信念，其作用是不容忽视也是不可替代的。另一方面，任何法律和制度都是靠具体的人去操作的，如果人的道德素质低下，再好的法律也可能变成一纸空文，再严的制度也会被钻空子。②简言之，如果只注重立法而忽略了人的道德素质，那么再良好的法律也难以得到有效运行。

另外，当代中国的法制建设在取得重大进步的同时，又走向另一个极端。在以经济建设为中心的时代突出强调法律为经济建设保驾护航，法律的效率性被提升到一个前所未有的高度，与此同时，另一个问题被掩盖或忽视，那就是法律的公平性被淡化。简言之，当代中国过于突出强调法律的效率性，而对道德公平精神弘扬不足。固然法律对于利益关系的调整发挥着重要的作用，但是任何一种法律活动，包括法的制定、执行、适用和遵守，都必须在特定价值观的影响下运行，以法律手段实现社会公平、正义的价值观

① 2011年12月6日，中国人民大学法制史教授赵晓耕做客哈尔滨工程大学，举行了一场精彩的学术交流座谈会，赵教授明确表示道德对于法律运行的重要意义。

② 李建华、周小毛：《腐败论——权力之癌的“病理”解剖》，长沙：中南工业大学出版社1997年版，第117—120页。

对法律运行的影响至关重要，法律不能仅仅关注经济活动中利益关系的调整，而更应关注在利益分配中人与人之间的公平，法律不应仅仅是发展经济的工具性手段，更应体现和弘扬为人民服务的社会主义价值观。然而，当代中国的法律过于突出效率性而淡化公平性。社会主义法律的服务对象是广大的人民群众，执法为民是社会主义法治理念的本质要求，公平正义是社会主义法治理念的价值追求，法律的公平性是远高于法律效率性的更为重要的终极价值目标。然而，由于技术性法律的繁荣导致法律的经济服务功能日益显著，而法律服务人民的公平性被不断弱化，在实践中，一些职业法律人完全不了解马克思主义，更谈不上信仰，其对法律的热衷不是出自对法律维护正义的笃诚，而是将法律作为谋取私利的工具。法律的去道德化催生了强烈的法律工具主义思想，仅强调法律对经济发展的实用性，而忽视法律本身的公平性。如果调整经济活动的法律不能使经济发展的成果为广大人民群众所公平地享有，那么经济建设和法律建设就会偏离正确的发展方向。因此，必须使法律在社会主义道德观的指导下正确运行，必须以为人民服务的价值观去指导立法、执法、司法和守法活动。

总之，当代中国在从传统向现代社会转型的过程中，道德发生严重滑坡，这对法律运行必然产生消极的影响。较之过去，违法现象明显增多，行政司法腐败严重（涉腐人员包括原重庆市委书记薄熙来、原铁道部部长刘志军、原国家发改委副主任刘铁男、原天津市委常委皮黔生、原最高人民法院副院长黄松有等），部分地区执法不公已成为不争的事实（见最高人民法院近三年的工作报告），加之近年来频发的食品安全违法事件、甘肃校车事件、南京彭宇案等众多社会法律事件，无不沉重地拷问着人们内心深处的道德与良知。对此，温家宝总理郑重指出，诚信的缺失、道德的滑坡已经到了何等严重的地步！胡锦涛总书记在建党 90 周年大会上又着重强调了“消极腐败”的危险。如何看待违法行为的频发现象以及对违法原因的深刻检讨成为当今时代的重大课题和紧要任务。任何一种违法行为都有其发生的特定的道德背景与道德动机，尤其在价值观多元化的当今时代，由道德滑坡引发的违法行为充分反映出外在违法与内在道德之间的密切关联。因此，从道德层面寻求违法现象的深刻根源以及探寻如何以道德促进法律的有效运行是本书的重要前提和逻辑起点。①只有从违法行为内在的道德原因着手，切实加强道德建设，才能使道德充分发挥促进法律运行的积极作用。

表 0－1 最高人民法院 2009—2011 年查处的贪污、贿赂案

2009 年	2010 年	2011 年
审结贪污、贿赂案 25912 件，同比增长 0.1%	审结贪污、贿赂案 27751 件，同比增长 7.1%	审结贪污、贿赂案 27000 件
判处罪犯 26226 人，同比增长 2%	判处罪犯 28652 人，同比增长 9.25%	判处罪犯 29000 人

二、研究的意义

研究意义之一：从道德视角探讨违法现象的内在原因，切实加强对道德基础作用的认识，凸显法律的公平、正义价值，有利于提高法律运行的有效性，建设真正的社会主义法治国家。实践表明，法律并不是唯一的治世之道，道德与法律同为社会的行为规范，两者相辅相成、缺一不可。道德是法律运行的重要基础，道德能增强法律的实际控制力、提高司法公信力、强化守法精神，法律的有效运行离不开其内在的道德支撑。当代中国道德滑坡导致违法现象频发，充分暴露出道德建设的低效对法律运行的消极影响。在社会主义市场经济条件下，在经济多元化、价值观多样化的时代背景下。系统地研究和准确地把握违法现象内在的道德原因，对于促进我国法律的制定、执行、适用和遵守，提高法律运行的有效性具有重要的理论意义和现实意义。

我国当前社会阶层分化加快、贫富差距拉大，收入分配问题、就业问题、医疗问题、教育问题等层出不穷，社会的不公平感相对增强，并由此引发违法犯罪。研究法律运行中的道德问题，突出法律的公平价值，有利于改善效

① 陈晓雷、高晚欣：《当代中国道德对法律的保障性研究》，载《东北大学学报（社会科学版）》2012 年第 6 期。

率过重而公平不足的法律发展不均衡问题，有利于引导社会大众对社会主义公平观的正确解读，有利于缓解当前社会由贫富分化加剧而导致的负面道德情绪，从而减少由不公平感而引发的利益冲突和违法犯罪。法律不是纯粹、抽象的技术规范，法律除了反映效率目标之外，还体现了人类对自身生活目的和价值理想的追求，伦理道德是法律运行的价值基础，只有加强社会主义法治的道德基础建设，促进各项政治、司法制度的完善，推进社会主义民主建设，才能早日建成真正的社会主义法治国家。

研究意义之二：有利于促进社会主义市场经济的健康发展。厉以宁先生指出：道德力量是市场经济发展的第三种力量，是市场调节和政府调节以外的第三种调节。[①] 市场经济既是法治经济，同时也是道德经济，社会主义市场经济与社会主义道德有着不可分割的本质联系，市场经济同样要以平等、竞争、诚信等道德规范作为基础，离开这些，市场就会陷入无序、混乱的状态，市场就不能充分发挥应有的合理配置社会资源的调节作用。然而市场经济本身并不能自发地直接表现为人民服务、集体主义的社会主义道德精神，且囿于其自身的局限性也常常会出现不正当竞争、假冒伪劣商品泛滥、欺诈行为横行等违法现象。因此，有必要在不断健全和完善社会主义市场经济法律法规的同时，大力加强社会主义道德建设，从市场行为的内在道德原因入手，努力提高市场主体道德约束的自觉性，充分发挥道德的能动作用，通过道德的软调整，潜移默化地影响人们的思想，从而减少经济活动中不诚信、不道德的违法行为。

另外，当代中国仍处于转型时期，经济成分、利益主体的多样化必然使社会关系变得复杂，人们的价值取向和道德观念呈现多样化，社会主义与市场经济的结合必然在道德领域引发部分价值观的冲突。因此，只有从建立和完善与市场经济体制相适应的道德体系入手，大力弘扬为人民服务精神和集体主义精神，才能确保社会主义市场经济沿着社会主义方向顺利前行。

---

① 厉以宁：《超越市场与超越政府——论道德力量在经济中的作用》，北京：经济科学出版社2010年版，第11页。

在建设和完善社会主义市场经济体制的当今时代,只有充分地认识道德对法律运行的基础作用,提升人们的道德素质和道德水平,以社会主流的道德观念和道德精神影响人们的市场行为,才能真正维护有序的市场经济环境、促进和推动社会主义市场经济的健康发展、保障经济体制改革的顺利进行。

研究意义之三:有利于提高和加强社会主义道德建设的实效性和针对性,对形成良好的守法秩序及推动社会主义和谐社会的发展具有重要的现实意义。道德建设是社会主义精神文明建设的重要组成部分,人们道德水平的提高是人自我完善的有效途径,研究法律运行的道德基础,有利于进一步推动社会的道德建设,提高道德建设的实效性。法律的运行是一种在价值观直接影响下发生的活动,只有包含特定价值观的道德为公众所接受,道德才能真正发挥促进和支持法律运行的积极作用。加强公民的道德建设,有助于提升社会公众的道德水平,增强人们守法的自觉性;加强领导干部的道德建设、提高执法者与司法者的道德素质,可以增强执法与司法的公正性。在当代中国,旧道德体系虽然已被打破,但中国特色的社会主义道德体系目前还处于探索和建设阶段,在理论上仍处于一种应然的状态。在旧道德体系已被打破而新道德体系尚未完全建立并为公众所普遍接受的情况下,必然会出现较为严重的道德规范的缺失,这种缺失必然极大地削弱道德对法律运行的促进力量,从而导致违法犯罪的发生。因此,只有大力推进新时期的社会主义道德建设,以社会主流的道德精神为基础,才能对行政权与司法权的滥用构成有效制约,才能真正实现依法行政、公正司法和自觉守法,才能有效地遏制执法犯法、以权谋私、枉法裁判、司法不公等违法现象,进而形成公平公正、平等自由、友好共处的和谐社会。

三、选题的研究现状

(一)国外研究现状

西方国家历来重视道德对法律运行的基础作用,主张道德是立法的基础,道德蕴含于法律制度之中,法律的实施和遵守也离不开主体优良道德品质的支持和保证。国外学者关于法律运行必然以道德为基础的研究成果也十分丰硕，其中最具代表性的成果包括：美国哈罗德·伯尔曼的《法律与宗教》、富勒的《法律的道德性》、德沃金的《自由的法：对美国宪法的道德解读》、罗尔斯的《正义论》、博登海默的《法理学：法律哲学与法律方法》与英国哈特的《法律的概念》等。

其中，哈罗德·伯尔曼对道德基础作用的阐述最为深刻与透彻，他认为，世界各国宗教与法律的关系在本质上并无不同，“在所有的社会里，虽然是以极不相同的方式，法律都部分地借助于人关于神圣事物的观念，以便使人具有为正义观念而献身的激情”[①]。法律必须被信仰，否则它将形同虚设。“古代中国也是如此，只是换了一种方式。那里，法律被看做是必要的邪恶，不过，它又辩证地与儒教的礼仪、修养及新儒家的祖先崇拜和皇帝崇拜有密切关系。”[②]他认为，在中国法律也曾被信仰，这种信仰借助的乃是儒教及传统伦理。虽然伯尔曼阐述的是宗教与法律的关系，但对于道德也同样适用，因为法律不能以纯粹的强制力迫使人服从，而必须以人们内在的自觉为基础，正是在这个意义上，宗教与道德都可以发挥这种内在自觉的作用。

20 世纪 50 年代新自然法学兴起，它强调实在法的研究离不开价值观念，道德价值是立法的基础，必须加强对正义、善恶的研究。在道德与法律的必然联系方面，富勒的观点极具代表性，他在《法律的道德性》一书中将法的道德性区分为义务的道德与愿望的道德两类：义务的道德是从最低点出发，是社会必不可少的基本原则，是向下的道德，不为恶的道德；而愿望的道德是以人类所能达到的最高境界为出发点，是向上的道德，是求善的道德。[③]法学家德沃金也认为，在法定权利之外，还有更具深远意义的道德权利，政府必须接受人类尊严的观念，在处理复杂的社会问题时要注意保护个人权

---

① ［美］伯尔曼：《法律与宗教》，梁治平译，北京：商务印书馆 2012 年版，第 37 页。

② ［美］伯尔曼：《法律与宗教》，梁治平译，北京：商务印书馆 2012 年版，第 37 页。

③ ［美］富勒：《法律的道德性》，郑戈译，北京：商务印书馆 2005 年版，第 8 页。

利,必须平等地关怀和尊重人民。他在《自由的法:对美国宪法的道德解读》一书中重点讨论了美国20多年来重大的道德争议问题,如堕胎权、纠正种族歧视措施、色情文学、同性恋、安乐死和言论自由等。他指出,道德解读无疑在美国宪法中起到了相当重要的作用,必须将政治道德引入宪法的核心,而政治道德先天注定是不确定的。因此,凡是把这些道德原则作为法律组成部分的政府,都必须将道德原则的诠释和理解交由最具权威的人,那就是联邦最高法院的大法官。这一阶段的标志性成果是"法律道德性"的提出。

美国新自然法学派代表人物罗尔斯是关于正义思想的集大成者,他也积极主张道德是法律的基础。他在《正义论》一书中指出,人有能力获得一种善的观念,有能力获得一种正义感。基于这种能力,人们在无知的后面会选择一种道德上的正当原则,即平等。正义与善具有统一性,它们是法律的基础。他反对功利主义,认为正义的主题就是社会的基本结构,即主要的分配基本权利与义务的社会体制和确定社会合作所产生的利益分配方式,必须是平等、合理和正义的。

美国现代著名法学家博登海默也特别强调:"那些被视为是社会交往的基本而必要的道德正当原则,在所有的社会中都被赋予了具有强大力量的强制性质。这些道德原则的约束力的增强,当然是通过将它们转化为法律规则而实现的。禁止杀人、强奸、抢劫和伤害人体,调整两性关系,制止在合意契约的缔结和履行过程中欺诈与失信等,都是将道德观念转化为法律规定的事例。"① 同时他还指出,法官的"自由裁量"行为背后,是受一定道德观念支配的,因而道德观念对司法实践的影响是至关重要的。

在道德对立法、司法发挥重要作用方面,英国法学家哈特也发表了同博登海默相似的观点。他认为,法律在任何时候和任何地方的发展,事实上都会受到特定社会集团的传统道德的深刻影响。这些影响或是通过立法或是通过司法程序公开或悄悄地进入法律。司法判决往往涉及在道德价值之间

① [美]博登海默:《法理学:法律哲学与法律方法》,邓正来译,北京:中国政法大学出版社2004年版,第391页。

的选择，在这一点上，司法者的道德对司法审判起着相当重要的作用。①

（二）国内研究现状

国内学界关于法律运行的道德基础研究始于20世纪80年代，90年代逐渐走向深入，近年来，随着法伦理学学科的兴起，国内关于法律运行的道德基础研究形成了一些较有价值的研究成果，主要集中于国内学者的期刊论文，硕士、博士学位论文以及论著，其中，颇具代表性的学者有刘云林、曹刚、李建华、刘同君等。

刘云林、李建华等学者主张：法律运行必须以道德为基础，道德对立法、执法、司法和守法都具有重要的基础作用，道德对立法起着精神引领的作用，是法律实施的主体保证，是自觉守法的持久力量。其代表性成果主要集中于期刊论文，包括：刘云林的《法律伦理的时代使命：为法治建设提供道德保障》、《法律运行道德追问的两重向度》、《法治建设道德支持的依据及其维度》、《论道德的法治价值》；曹刚的《法伦理学如何可能——法伦理学的属性、使命和方法》，唐凯麟、曹刚的《论道德的法律支持及其限度》；范进学的《论道德法律化与法律道德化》；马长山的《法治社会中法与道德关系及其实践把握》；龚怀林的《法律运行伦理追问的依据和向度》和《道德视域中的法律运行》；陈巧玲的《试论道德是法运行的重要保障》；刘一纯的《论法治中的道德因素》；高晓雁、卫守宇的《道德建设是构建法制社会的重要基础》；贾东桥的《法治道德在法治建设中的作用》；刘琨、吴骥的《法的道德基础论证》；刘新国的《论道德在法的运行中的作用》；三怡、黄娟的《论法治运行中的道德建设》；杨金颖的《论法治的道德支撑》；喻安伦的《浅论法治运行中的道德因素》；尹晓敏的《论法治的道德基础》；张俊岩的《论法治建设的道德基础》；李翔的《论道德建设对法治建设的作用》；李齐全的《论道德对法律的重要意义》；等等。

除此，还有部分硕士、博士学位论文也重点论证了法律运行以道德为基

① ［英］哈特：《法律的概念》，张文显等译，北京：中国大百科全书出版社1996年版，第181—200页。

础的观点,如王田园的《法治实践过程中的道德基础分析》;石春金的《论法治的道德基础》;王薇的《论法治进程中的道德支持》;魏高雁的《法治建设的道德保障研究》;黄志磊的《法治进程中道德约束机制的缺失及其克服》;李珂的《论法的动态运行中的道德基础》;欧元雕的《当代中国法治的道德基础研究》;张艳的《论法律的道德价值及其实现》;等等。相关著作主要包括:李建华的《法治社会中的伦理秩序》,李建华与他人合著的《法律伦理学》;余其营、吴云才的《法律伦理学研究》;曹刚的《法律的道德批判》;李春秋、宋朝武的《法律与道德》;等等。

另外,国内学者还分别就法律运行不同阶段的道德问题展开分类研究,如执法道德、司法道德、守法道德研究。在执法道德研究方面,主要围绕着公务员道德建设展开,强调行政执法中道德的基础作用。主要成果有:期刊论文,如郭渐强的《行政执法的伦理维度》;李景国、赵锋、颜珂的《我国权力道德法律化的途径思考》。硕士学位论文,如姜立的《我国公务员行政道德的缺失及其治理》;石彦波的《腐败问题的道德素质成因及对策研究》;庄伟华的《腐败治理的道德维度研究》;田瑞华的《当代中国社会转型时期的行政伦理重建》;等等。博士学位论文,如刘雪丰的《论公共行政人员的道德责任》;贾金易的《当代中国官德建设研究》;孟昭武的《行政权力行为的伦理审视》;徐云鹏的《中国现代官德建设研究》;袁东生的《我国权力制约与监督制度研究》;等等。

在司法道德研究方面,学者的研究重点多集中于司法职业道德建设,包括法官职业道德建设和检察官职业道德建设。研究成果主要集中于期刊论文,如范国兵的《试析司法过程中的道德因素》;龚怀林的《司法道德的向度及其实现》;薛成有的《论道德对司法的影响》;田霞的《法官道德对司法公正的影响及作用》;岳悍惟的《法官的司法伦理基础探析》;郭春涛的《论法律人职业道德的构成要素及生成环境》;吴诚、贺志明的《法律人道德价值的定位探析》;等等。相关著作,如李卫东与他人合著的《司法道德》。硕士学位论文,如陈道喆的《法官职业伦理浅论》;姜丽的《论社会主义司法职业道德建设的基本路径——社会主义核心价值体系指引下的司法职业道德建设》。博士学位论文，如石先钰的《法官道德建设研究》；周慧的《法律的道德之维——德沃金法伦理思想研究》；等等。

在守法道德研究方面，主要观点集中于守法应以道德认同作为内在支撑，守法分为积极守法和消极守法，迫于法律强制的守法是消极守法，基于内在道德认同的守法是积极守法，只有社会公众在内心产生道德认同才能使法律获得普遍的遵守，守法也才能稳固和持久。其代表性成果有：刘同君的著作《守法伦理的理论逻辑》。期刊论文，刘同君的《论和谐社会语境下公民守法的道德机制》；刘云林的《论公民守法道德的养成》；曹刚、吴晓蓉的《守法的必然和应然：一个道德心理学的视角》；向仕明的《论守法的道德基础》；储著斌的《试论公民守法的道德义务》；程颖的《守法的道德依据》；郝大林的《论守法道德》；等等。博士学位论文，如刘同君的《守法的伦理学分析》；夏瑜杰的《当代中国守法问题研究》；等等。

另外，还有学者从以德治国与依法治国的关系展开研究，如怀效锋在《德治与法治研究》一书中对当代中国的法治与德治的现实展开分析，提出应大力培育民族精神、加强公民道德建设、正确把握义利关系、完善职业道德建设，以良好的道德建设来促进依法治国；陈秀萍在其《变革时期法律与道德的冲突问题研究——兼论法律的伦理性》一书中从集体主义与个人本位、权力本位与权利本位的价值冲突角度，论证了当代中国德法冲突的深层原因，并以合作与宽容为理念提出缓和冲突的建议。除此，还有王启富、刘金国的著作《法律之治与道德之治——形式法治观的局限及其克服》。期刊论文，如仲崇盛、宋戈的《论"依法治国"中法律与道德的关系》；顾越利的《法治与德治有效结合探析》；张建贤的《略论道德建设对依法治国的基础作用》。周慧的硕士学位论文《在依法治国的进程中实现以德治国》等也表达了类似的观点。

还有学者从思想政治教育的法律价值，从当代中国道德对法律实践、法学教育的影响角度展开研究，重点论证社会主义道德对法律活动的积极影响和促进作用，主要成果多体现为期刊论文：如陈建坤、范春年、徐锋华的《思想政治教育的法律价值探讨》，秦在东、李凯的《思想政治教育在预防职务犯罪中的价值功能》,李斌雄、马栋的《论社会主义核心价值体系建设在反腐倡廉建设中的地位和作用》,王太平的《法律教育和思想政治教育互补性的理性思考》,等等。

值得一提的是,社会学者孙立平和陆学艺从社会学的视角对我国当前的社会问题展开研究,其中涉及了当代中国的贫富差距、相对不公平感以及极端个人主义之下的违法犯罪问题。公平正义不仅是重要的社会问题,也是重要的法律问题,同时还隐含着重要的道德问题,因此,社会学者从社会学视角深刻挖掘社会违法现象背后的道德原因和制度背景,也对本书的研究产生积极的借鉴意义。其主要成果包括:孙立平的《博弈:断裂社会的利益冲突与和谐》和《重建社会:转型社会的秩序再造》;陆学艺的《当代中国社会结构》;等等。

(三)国内外研究评述

从当代西方学者的论著和观点来看,国外法学界和伦理学界对法律运行的道德基础问题有着系统深入的分析和研究,西方国家普遍认同道德对法律运行的深刻影响,并十分重视道德对法律运行的基础作用,主张道德是立法的基础,道德蕴含于法律制度之中,道德是法律实施的主体保证,是自觉守法的内在精神支撑,并形成了深厚的法治传统与坚定的法律信仰。当然,他们主张的道德观念主要指向宗教信仰和利己性守法道德理论,其理论基础为个人主义和功利主义思想,这些思想不仅奠定了西方经济制度和政治制度的基础,同时也构成了资本主义法律制度的基础,个人主义和功利主义观念在西方社会始终占据统治地位。虽然我们不能认同西方国家主张的以个人主义为核心的道德观念本身,但是其以道德促进法律有效运行的方法对我国的法制建设还是具有积极的借鉴价值的。

纵观国内研究现状,关于法律运行的道德基础问题的研究在基本理论方面已经取得了可喜的成果,在对立法道德、执法道德、司法道德、守法道德的基本内涵阐释方面,已经形成了较为成熟的观点和体系。在这些成果中,刘云林的《法律运行道德追问的两重向度》、刘同君的《守法伦理的理论逻辑》、李建华与他人合著的《法律伦理学》、孙立平的《重建社会：转型社会的秩序再造》最具代表性，也有很多值得借鉴的观点。首先，刘云林的研究最大的贡献就是对道德对法律运行的基础作用进行了充分的论证，指出道德对法律运行所具有的内在的支撑力量，使得道德与法律关系的传统研究角度发生了重大突破。在“道德对法律运行的基础作用”这一问题上，李建华的研究具有同样的贡献，他在其著作《法律伦理学》中不仅对道德的基础作用进行了充分的论证，还对法律运行中的道德的内涵进行了详尽的阐释，包括立法道德、执法道德、司法道德和守法道德等。二人的共性在于：均侧重于对道德具有基础作用的论证和对法律道德基本内涵的阐释，而对于法律运行中道德未能充分发挥作用的原因分析和对策建议相对较少。其他有关法律职业道德的研究成果，如法官职业道德、检察官职业道德等司法道德研究和行政道德研究等也存在与此类似的问题。在明确了法律运行中道德作用的前提下，深入探究道德未能充分发挥基础作用的原因以及提出具体的应对之策将是今后的研究重点。

刘同君的研究侧重于守法与道德的关系，他指出利益是道德的基础，并从利益出发论证了守法道德的依据，这一点是分析道德的重要前提，分析得也很透彻，但他的研究更多地侧重于理论层面，包括守法的道德证明、守法的道德构成、守法的道德机制，以及守法的道德价值等。而作为社会学者，孙立平的主要精力都集中在当代中国利益分化导致的社会问题上，“当代”的特征十分突出，具有很强的现实意义，其论著具有强烈的问题意识，其研究直指社会违法现实。当代中国的利益呈现多元化的态势，多元化的利益对守法道德的影响自然不同于一般的利益对守法道德的影响，他在论著中多次提到利益博弈、社会冲突、公平感缺失，并举出大量的社会实例，如在国有企业出售中国有资产流失问题、职工补偿不足问题、财政分配合理性问题、高房价下的土地征收补偿问题、政府部门利益化问题等，这些问题在作为社会问题的同时，毫无疑问也是法学界非常关注的法律问题，同时也是转型时期人们的道德建设问题。比较刘同君与孙立平的研究成果，刘同君的研究侧重于守法利益与道德的关系，强调利益对道德形成的引导，而孙立平则侧重于利益分化与社会冲突（违法）的关系，强调违法现象背后的利益根源。事实上，这里有三个重要的因素：利益、道德、违法，在利益冲突和由利益冲突引发违法这两者之间还存在着一个重要的道德中介，利益是影响和引导道德产生的基础，而道德的沦丧是引发违法犯罪的思想根源，三者是一个有机的整体，紧密相连、不可分割。两位学者分别采取不同的视角：刘同君对守法利益的道德分析以及孙立平对社会现实问题的利益思考，都对本书产生了重要的影响。

综上所述，笔者认为，当前国内有关法律运行的道德基础的研究范围还不够全面，已有的研究成果大多侧重于论证道德对法律运行的基础作用，而在道德未能充分发挥基础作用的原因分析和如何加强法律运行道德建设的问题上，尚缺少更加具体和更具操作性的论证。在大力提倡法治建设的当下，研究道德基础问题的主要目的是解决我国当前所面临的理想信念模糊、道德水平滑坡、违法现象较为严重的社会难题。正视道德对法律运行的基础作用固然重要，但此后应当重点地分析道德未能有效发挥基础作用的原因，即道德缺失的根源，如果现有研究仅停留于对法律运行中道德规范的应然介绍，则实在对当下中国社会难题的解决助益不足。同时，在已有的研究成果中，宏观性、背景性、原则性介绍居多，而深入细致的微观性论证较少。例如，已有研究大多指出了市场经济、价值观多元化等因素冲击了人们的道德观念，进而导致违法现象频出，但是对于价值观多元化为何会影响道德观念，又是以一种怎样的方式影响道德观念的问题并没有进行更深入细致的分析，即没有就道德未能发挥基础作用的原因展开深刻论述。除此，已有研究中判断性研究居多，对策性研究所占比重较小，即使有个别的较有建树的观点提出，也只是简要列举，缺乏具体制度内容，这使得对策建议略显宽泛。因此，有关道德基础作用未能充分发挥的原因以及如何通过制度建设促进道德生成等问题还需要进一步探讨。当然，尽管上述研究成果未能系统地为本书的论述提供直接依据，但至少为本书的研究工作奠定了必要的理论基础，提供了十分有益的重要启示。

四、本书的结构安排

本书从法律运行的四个阶段，即立法、执法、司法、守法过程中，道德所具有的基础作用入手，提出当代中国法律运行存在道德缺失的现实问题，进而对法律运行道德缺失的原因展开深入分析，最后提出加强法律运行道德建设的对策建议。全书共分六大部分：第一部分是“导论”，第二部分是“基本理论介绍”，第三部分是“提出问题”，第四部分是“分析原因”，第五部分是“对策建议”，第六部分是“结语”。

第一部分是导论，介绍本书的基本情况，包括问题的缘起、研究的意义、国内外研究现状及评述、本书的结构安排、研究方法以及主要创新之处。

第二部分是基本理论介绍，包括第一章和第二章。第一章首先对法律运行以道德为基础的含义进行介绍，从法律的制定、执行、适用和遵守四个方面分别阐述了道德对立法、执法、司法和守法活动的基础作用，全面分析与阐释了道德对法律运行的积极意义。第二章通过对法律运行以道德为基础的学理分析、历史追溯和当代审视，从理论和实践两个方面充分论证了法律运行必须以道德为基础的理论依据和实证依据。

第三部分即第三章，着重指出当代中国法律运行存在道德缺失的现实问题，从立法道德缺失引发部门立法利益化，执法、司法道德缺失引发权力行使不公与腐败，守法道德缺失引发系列违法犯罪案件等，重点指出道德缺失对法律运行产生的消极影响。

第四部分即第四章，对法律运行道德缺失的原因展开深入分析，分别从道德的多元化、道德的利他性、道德情绪的正当性、道德需要的物质基础、社会制度的道德引导五个方面展开分析，深入探讨在法律运行中，道德未能充分发挥基础作用的深层次原因。

第五部分即第五章，在总结道德缺失原因的基础上，提出加强法律运行道德建设的实现路径，即提出解决问题的对策建议。主要从主体道德素质培育，加强立法道德、执法道德、司法道德和守法道德建设等方面入手，通过完善权力行使、社会保障、公平分配等社会制度的合理建构，引导社会主义道德的最终形成，继而以道德的力量推动和促进社会主义法律的有效运行。

第六部分是结语，对本书的研究情况做了总结。

五、本书的研究方法

1. 比较分析的研究方法。本书采取纵向比较的方法，考察了中国古代、新中国初期与当代中国在法律运行以道德为基础问题上的共性与差别，同时又采取横向比较的方法，考察了中国与西方国家在此问题上的异同点。通过纵向与横向比较古今中外的共性与差别，论证了道德对法律具有重要的基础作用。无论是中国古代的以德治国理念、新中国初期政治思想对社会的有效规制，还是西方国家道德精神对法律制度的充分渗透，对当代中国道德对法律运行的基础作用研究无疑都具有积极的借鉴意义。

2. 实证分析的研究方法。理论来源于实践，理论也只有回归实践才能检验其科学性与合理性，实践既是反映问题的起点，也是解决问题的终点，任何深邃、成熟的理论体系都要在实践中加以验证与核实，无论是原因挖掘还是对策建议都必须与现实紧密联系。本书首先通过食品卫生安全事件等提出道德缺失的客观现实；然后通过腐败犯罪、国有资产流失、劳动违规、垄断与不正当竞争等社会实例深入分析违法犯罪与道德缺失的因果关系；最后，联系社会弱势群体的生活现实等提出加强道德建设的对策建议。

3. 文献分析的研究方法。通过广泛收集、查找和阅读大量国内外论著、期刊、硕博学位论文及网络资料，了解和掌握法伦理学的各种观点，对已有的法律道德的研究资料与成果进行梳理，总结归纳前人研究的有益经验和重要结论。本书中的部分观点正是来源于这些文献资料的重要启示。

4. 座谈交流的研究方法。针对所研究的问题深入国内各地高校、政府、司法机关、社区，通过访谈、交流、讨论等方式对道德缺失与违法犯罪的现实问题及内在成因进行分析，探寻改善道德现状、消除违法犯罪的现实方法，力求在调查和研究中不断扩展视野和理清思路。

5. 综合分析的研究方法。本书的研究内容涉及法学、伦理学、思想政治教育学、社会学、哲学等多个学科，包括法学中的法伦理内容，伦理学中的道德生成规律，思想政治教育学中的环境论，社会学中的利益博弈理论，哲学中的唯物论等。本书在对道德缺失的成因分析及制度构建中综合运用了思想政治教育学、伦理学、社会学等不同学科的理论知识，力图更加全面地阐释问题。

六、本书的创新之处

（一）研究角度创新

1. 从道德与法律问题的以往研究成果来看，其研究视角多集中于道德与法律的分合问题，或研究法律与道德的冲突问题（即情理与法理问题），或研究法律的职业道德问题，或研究道德与法律的互补问题，或研究法律对道德的保障问题等，而本书则采取了一种与以往不同的视角——“道德对法律运行的基础作用”。就法律运行不畅的原因分析而言，以往的研究大多从法制不健全的视角出发，而本书则从道德缺失的视角展开研究，到目前为止，能从此视角展开系统论证的研究成果还相对较少，因而本书的研究角度具有一定的新颖性。

2. 研究背景侧重于当代中国，研究内容侧重于原因分析与对策建议。以往的研究虽然也有对“法律运行以道德为基础”的论证，但多以西方国家或古代中国为主，鲜有关注“当代中国”背景下道德对法律运行的基础作用。而且以往研究的重点主要在于对法律运行中道德内涵的阐释，而本书的重点则是对法律运行中道德缺失的原因分析以及加强法律运行道德建设的对策建议。

（二）理论观点创新

1. 关于道德缺失原因的两种新分析。从道德的利他性来看，道德的利他性未能得到有效的激励与保护是导致道德缺失的原因之一，道德作为一种需要并不是与己无关的纯粹为他人奉献的精神需要，道德不仅包括利他性需要，同时也包含利己性需要，两者相辅相成，不可分离。所谓道德的利己性，是指通过道德行为也能为主体带来一定的精神满足，在一个公正合理的社会中，道德义务的无偿性应该用道德主体的幸福和快乐作为最起码的酬劳与回报，即道德的利他性应当建立在道德主体快乐和满足的情感基础之上。从道德情绪的公平感来看，社会群体的正确的公平观往往来源于现实的公平感，公平感的扭曲必然导致公平观的蜕变，进而导致道德缺失与违法。

2. 关于加强道德建设的新建议。包括在立法道德建设中提出的立法结果后续跟踪制的建议、执法道德建设中提出的财产申报责任制的建议、司法道德建设中提出的裁判结果网络评议制的建议等，都具有一定新意。

第一章　法律运行以道德为基础的含义

本章从立法、执法、司法、守法四个方面对“法律运行以道德为基础的含义”进行解析，阐明道德对法律运行具有重要的基础作用，道德为法律运行提供精神引领、主体保证、内在支撑。道德指导法律的制定、支持法律的实施、保证法律获得持久遵守。道德对法律运行的基础作用体现在：其一，道德是立法的精神引领。道德对法的公正性评价，促进法的制定、修改和废止，使法保持正确的伦理方向。其二，道德是严格执法的主体保证。执法离不开人的具体操作，执法者的道德素质是严格执法的重要保证。其三，司法者的道德素质是司法实体公正、司法程序公正和司法解释公正的重要支持。其四，道德是自觉守法的持久力量。法律强制性的有效发挥依赖于内在的道德认同，道德认同是积极守法的前提和基础，没有道德认同的消极守法不能保证守法的持久和稳定。

一、道德与法律的关系

（一）道德与法律的含义

“所谓道德，就是人类社会中这么一种特殊的社会现象，它通过善恶规范、准则、义务、良心等形式，来反映和概括人类共同生活、共同发展、共同完善的客观的秩序需要，并用人类自我觉醒、自我约束的实践精神方式，来表现人类对现有或实有世界的价值评估，表现人类对未来或应有世界的价值追求,从而以人类自我需要的内驱力的方式,激励和推动人类上升到更高的文明境界。”①简言之,道德就是生活在一定物质生活条件下的自然人关于是非、善恶、光荣与耻辱、公正与偏私、正义与非正义的观念、规范和原则的总和,它主要依靠社会舆论评价、风俗习惯和内心良知来保证实施。道德属于精神、思想、意识范畴,道德是人们处理相互关系时应遵循的行为准则,是在长期的社会生活中形成的基本价值观念。从世界观、人生观和价值观的角度来看,道德观在本质上是价值观的重要组成部分,具体包括荣辱观、公平观、善恶观等。道德的实施不是凭借国家强制力,而是主要依靠社会舆论、传统习惯和内在良知自觉维系,违反道德通常只受到社会舆论的批评和谴责。道德以社会意志的形式出现,通过社会舆论、风俗习惯和内心信念等发挥作用,表现为章程、公约、守则、规范等形式。

从唯物史观的角度来看,道德作为思想上层建筑,其内容归根结底来源于社会的物质生活条件,有什么性质的经济基础就有与之相适应的道德。道德是反映经济关系的社会意识,人们自觉地或不自觉地,归根结底总是从他们阶级地位所依据的实际关系中——从他们进行生产和交换的经济关系中,获取自己的伦理观念,“一切以往的道德论归根到底都是当时的社会经济状况的产物。而社会直到现在是在阶级对立中运动的,所以道德始终是阶级的道德”②。道德的内容最终由经济条件决定,并伴随经济的发展而有相应的变化,在阶级社会中道德具有阶级性,基于不同物质生活条件的社会集团(即不同的阶级)具有不同的道德观。古代中国的生产资料君主所有制决定了封建社会的宗法等级特权的道德观念;资本主义社会的生产资料私有制决定了以个人主义为核心的资本主义道德观念;社会主义社会的生产资料公有制决定了以集体主义为主、服务人民为核心的社会主义道德观念。

法律是指由一定物质生活条件所决定的反映统治阶级意志,由国家制定并颁布,具有普遍约束力的调整人们行为的社会规范的总和。法律的实

① 夏伟东:《道德本质论》,北京:中国人民大学出版社 1991 年版,第 275 页。
② 《马克思恩格斯选集》第 3 卷,北京:人民出版社 1995 年版,第 435 页。

施依靠国家强制力，通过外在的强制力来迫使人们遵守，违反法律则必须承担相应责任，受到法律制裁。法律的产生和发展受制于一定的生产关系。生产力的发展及其分工和交换的普遍化、经常化，利益的不同占有和价值冲突的加剧，社会对于交易安全的需求和尊重等原因，促成了法律的产生和发展。“无论是政治的立法或市民的立法，都只是表明和记载经济关系的要求而已。”①“非人”的奴隶制法是奴隶制经济关系“非人”特性的记载，“等级特权”的封建制法是封建制经济关系“等级特权”特性的确认，私有财产神圣不可侵犯的资本主义法律是资本主义剥削关系的反映，阶级性是其本质特征。

法律运行是指法律的制定、执行、适用和遵守的过程，即立法、执法、司法、守法活动。所谓立法，即法律的创制，是指由特定的主体，依据一定的职权和程序，运用一定技术，制定、认可和变动法律规范的活动。② 广义的立法包括全国人大及常委会的立法，还有国务院及所属各部门的立法，地方人大及常委会和地方政府的立法。所谓执法，即法律的执行，是指国家行政机关和法律法规授权、委托的组织及其公职人员在行使行政管理权的过程中，为维护社会公共利益，实现对社会公共事务的管理职能，依照法定职权和法定程序贯彻实施法律的活动。③ 所谓司法，即法律的适用，是指国家司法机关依据法定职权和法定程序适用法律处理案件、解决纠纷的活动。所谓守法，即法律的遵守，是指国家机关、社会组织和公民个人依照法律的规定行使权利和履行义务的活动。守法的主体包括一切国家机关、武装力量、社会团体、企事业组织和公民个人，守法的范围包括宪法、法律、行政法规、部门规章、地方性法规和规章、自治条例、单行条例等，守法的内容包括依法行使法定权利和履行法定义务。在法律运行的四个过程中，道德始终发挥着重要的基础作用，与法律运行相应的道德体现为立法道德、执法道德、司法道德

① 《马克思恩格斯全集》第 4 卷，北京：人民出版社 1958 年版，第 121—122 页。

② 张文显：《法理学》（第 3 版），北京：高等教育出版社 2007 年版，第 224 页。

③ 张文显：《法理学》（第 3 版），北京：高等教育出版社 2007 年版，第 246 页。

和守法道德。

(二)道德与法律的区别与共性

道德与法律的区别体现为:

第一,产生条件不同。道德是人们处理相互关系时应遵循的基本行为准则,自人类社会产生即存在道德,而法律是随着阶级和国家的出现而产生的,道德先于法律而存在,法律源于道德。第二,调整对象不同。道德与法律虽然都是调整人们行为的规范和手段,但道德调整的是人的外部行为和内在动机,而且更加注重后者,即内在的价值观问题,而法律调整的只是人的外部行为,而不考虑行为的内在动机,法律不会追究那些形式上合法、内心有悖于社会良知的人的责任。第三,实现方式不同。道德的实施不凭借国家强制力,而主要依靠社会舆论、传统习惯和内在良知自觉维系,违反道德通常只受到社会舆论的批评和谴责;而法律的实施则依靠国家强制力,通过外在的强制力来迫使人们遵守,违反法律必须承担相应的责任,受到法律制裁。第四,调整范围不同。道德调整的对象不仅是行为,还包括思想、品格和行为动机,而法律不能惩罚单纯的思想动机,只能针对具体的客观违法行为进行规制,由此,道德的调整范围广于法律,在法律所不能及的领域,道德可以发挥重要的作用。第五,表现形式不同。道德以社会意志的形式出现,通过社会舆论、风俗习惯和内心信念等发挥作用,表现为章程、公约、守则、规范等形式。而法律以国家意志的形式出现,通过国家制定和颁布,表现为宪法、法律、法规、规章、条例等具体的规范性法律文件。[①]

道德与法律的共性体现为:

第一,道德与法律具有共同的经济基础。道德作为思想上层建筑,法律作为制度上层建筑,都是由一定社会的经济基础所决定的,在作为经济基础的所有制形式发生变化时,相应的上层建筑——道德思想与法律制度也必然会发生相应的变化。道德的内容归根结底来源于社会的物质生活条件,

① 张文显:《法理学》(第3版),北京:高等教育出版社2007年版,第383—384页。

有什么性质的经济基础就有与之相适应的道德。而法律也是由一定的物质生活条件决定的,反映统治阶级意志、调整人们行为的社会规范,两者具有共同的经济基础和阶级本质。第二,道德与法律具有共同的规范作用与社会作用。从道德与法律的规范作用来看,道德与法律是调整人们行为和社会关系的两种最为主要的手段,道德利用内在的良知约束人们的行为,而法律从外部的强制来约束人们的行为,道德是预防犯罪的手段,法律则是事后的惩罚,两者共同发挥着调整人们行为的规范作用。从道德与法律的社会作用来看,道德与法律都是由一定社会的物质生活条件所决定的,都是为经济基础和一定阶级的意识形态服务的,都以公平、正义、秩序为追求的价值目标,共同发挥着维护、巩固经济基础的社会作用。第三,道德与法律具有共同的基本内容。从道德与法律的起源来看,自有人类社会即存在道德,道德先于法律而产生,道德上升为法律,法律源于道德,许多法律制度本身既是道德规范,也是法律规范。凡是法所禁止和制裁的行为,也大都是道德所禁止和谴责的行为,凡是法所要求和鼓励的行为,也大都是道德所弘扬和赞许的行为,道德与法律都以良善、公平、正义精神为共同的内容和价值目标。当然,道德与法律的范围并不完全相同,道德分为基本道德和崇高道德两类,与法律的部分内容发生重合的只能是基本道德而非崇高道德。法律是最低限度的道德,只能反映道德的基本要求;而崇高道德是社会弘扬的更高层次的价值观念,需要社会主体自觉地实施,而不能依靠法律强制。

(三)道德与法律的相互作用

一般来说,法律与道德之间的相互作用表现为:法律对道德的促进作用和道德对法律运行的基础作用。

法律对道德的促进作用体现为:其一,法律具有制度性的优势。个体道德大多是从社会制度中派生出来的,通过立法和司法,可以促进道德规范的完善和发展,制约和防止不道德行为的发生。其二,法律具有比道德更为明确的表达形式。其三,法律具有强制性。道德对那些没有道德自觉和良心泯灭的人变得无能为力,此时法律的强制性就能发挥积极作用。归结起来,法律对道德的促进主要体现在——“道德法律化”，通过道德立法，以法律的权威确认道德的要求，保证道德的贯彻执行，有利于对道德的倡导，如将诚实信用原则融入民法，对违反职业道德的行为进行惩戒等。[①]道德立法即通过立法程序将一定的道德规范上升为具有强制约束力的法律规范的活动，以法律来促成和推行社会所提倡的主流道德。博登海默指出：“那些被视为是社会交往的基本而必要的道德正当原则，在所有的社会中都被赋予了具有强大力量的强制性质。这些道德原则的约束力的增强，当然是通过将它们转化为法律规则而实现的。”[②]张文显指出，法律对精神文明的作用是多方面的。法律把一个社会的最低限度的道德义务法律化、制度化，使其获得全社会一体遵行的法律制度，从而保障社会的基本道德水准；通过惩恶扬善，可以弘扬社会正气、改善社会风气，从而促进社会道德水平的提高。更为重要的是，由于法往往是占主导地位的社会价值观和意识形态的体现，法的实施过程也就是对社会价值观进行道德整合的过程。[③] 当然，道德有基本道德和崇高道德之分。基本道德是指应当遵循的最一般的行为准则，如“不得侵害他人的财产和人身”；而崇高道德是指应当遵循的超越自我的更加崇高的道德精神，如“大公无私”、“毫不利己专门利人”。法律是道德的底线，法律只能将基本道德上升为法律义务，而不能强制要求人们践行崇高道德。法律其实是以强制的形式来吸收、保护和传播基本道德，并保障其发展。

道德对法律的作用体现为道德是法律运行的基础，道德对法律运行的四个阶段，即立法、执法、司法和守法活动都发挥着重要的基础作用。其一，道德是立法的精神引领和价值基础。道德通过对法的某些规定的公正性的评价，促进法律的制定、修改和废止，使法律保持正确的伦理方向。其二，道德是法律实施的重要支持和主体保证。无论是法律的执行还是适用，都离不开执法者、司法者的具体操作，因而执法者和司法者的个体道德品行就直

---

① 唐凯麟、曹刚：《论道德的法律支持及其限度》，载《哲学研究》2000 年第 4 期。

② [美]博登海默：《法理学：法律哲学与法律方法》，邓正来译，北京：中国政法大学出版社 2004 年版，第 391 页。

③ 张文显：《法理学》（第 3 版），北京：高等教育出版社 2007 年版，第 86 页。

接影响和决定了行政执法与司法裁判的公平和公正。其三,个体道德是自觉守法的内在支撑和持久力量。法律强制性的有效发挥依赖于内在的道德认同,没有个体道德对法律的内在认同,法律就不能得到普遍的遵守,更不能实现守法的持久和稳固。本书的研究重点正是在于强调道德对法律运行的基础作用。历史和现实均表明,法律的有效运行不能仅仅依靠法律自身的强制力,还需要道德的内在支撑,道德是法律运行的基础,在法律的整体运行中,道德始终发挥重要的基础作用。

二、道德对立法的基础作用

(一)立法道德是立法的精神引领

道德为立法提供精神引领,主要体现在两个方面:一是立法必须以道德精神为基础,即法律制度本身必须符合道德的良善评价,构成"良法";二是立法者的道德水平是制定"良法"的前提、基础。在法律运行的整个过程中,立法是第一个阶段,是解决"有法可依"的问题,而执法和司法是在立法基础之上的后续活动,是将已经制定出来的法律加以贯彻执行和正确适用,只有创制的法律符合"良善"的道德标准,此后才会有良法的执行、适用和遵守,因此,良法的存在是法律运行的基础,是后续执法、司法和守法的重要前提。从动态的视角而言,法制建设乃是良法体系的运行过程。在这一过程中,良法的创制具有逻辑开端的意义。而要确保所创制的法律为良法,就必须以道德价值体系引领法之创制,并且努力追求所创制的法律从形式到实质都具有合道德性。①

第一,"良法"是立法的道德基础。立法以道德为基础表现在:道德是制定法律的价值依据,法律必须吸收一定的道德内容,使法律本身具有正当性和合理性,形成良善之法,即"良法"。亚里士多德在《政治学》中指出:法治应包括两重意义,已成立的法律获得普遍服从,而大家所服从的法律又应该

---

① 刘云林:《法律伦理的时代使命:为法治建设提供道德保障》,载《道德与文明》2007 年第 4 期。

本身是制定得良好的法律。由此可见,法治的两个基本要素是——“良法”和“良法被普遍遵守”,而对法律本身是否良善的判断就必须取决于道德观念和道德标准。法律的制定都是以道德观念为重要逻辑起点的,制定法律所依据的价值取向必然是特定社会的主流道德观念,道德规范是立法的重要来源,道德标准是法律的重要评价尺度。善与恶是两种完全不同的道德价值取向,在立法活动中,立法的指导思想必须体现出是非、善恶、美丑等道德评价标准,体现出公平、效率、秩序等价值目标。如果被制定的法律不能体现公平、正义的道德精神,那么就会形成“恶法”。一部不符合社会道德的恶法无法得到多数人的认可,更无法获得人们的尊重和自觉遵守。

从古今中外的研究成果来看,关于立法活动中法律的合道德性问题,即是否应以良善作为立法标准的问题认识是一致的,即使自然法学派与实证主义法学派存在“恶法亦法”的论争,然而那只是针对司法环节而言的,单纯就立法环节的法律本身是否应以良善作为立法的标准是没有分歧的。英国法学家哈特也表示:相当多的法律体现着道德,或者原来就是道德规范;对法律进行道德评价是必要的;从历史来看,任何法律都会受到一定社会集团的传统道德的深刻影响。“法律必然蕴含着道德精神。综观古今中外的法律制度,无一不是以特定民族和国家的伦理道德为基石,并力求与这些伦理道德相适应、相协调。一旦国家所制定的法律有悖于普遍而基本的伦理道德,法律也就失去其存在的基础。”①如《法国民法典》反映的都是资产阶级自由、平等、博爱的价值观;英美法系国家的衡平法也是以公平、正义、理性、良心等道德观念为指导的;我国封建社会的法律更是突出反映了三纲五常的宗法等级思想和尊卑有别的封建道德观念。② 由此,立法必须以道德为基础,所创制的法律本身必须符合道德的要求,体现道德的精神、道德的评价。社会道德的状况必然制约立法的发展,任何一个社会都必须通过道德对法

---

① 陈飞:《论行政司法运行的道德保障机制》,http://www.110.com/ziliao/article-8691.html.2004 年 12 月 21 日。

② 王薇:《论法治进程中的道德支持》,硕士学位论文,南京师范大学,2002 年。

律的公正性进行评价,以促进法的制定、修改和废止,使法律保持正确的伦理方向。

第二,立法者的道德水平是制定“良法”的前提、基础。立法必须由具体的人来完成,良法本身的产生也必然建立在立法者良好的道德基础之上,立法者的道德是良法得以产生的重要基础。[①]只有立法者具有坚定、正确的道德观念,才能保证所制定的法律的“良善”,如果主体的道德败坏,不考虑集体只考虑个人或小集团利益,就会出现立法利益化现象。法治的关键在于良法的制定,而能否制定良法在很大程度上取决于立法者的价值取向和道德品质,立法者的道德品质直接影响着将什么样的道德规范上升为法律。如博登海默所言:法律的制定者经常会受到社会道德中传统的观念或新观念的影响。这种道德中的最为基本的原则,大多已不可避免地被纳入法律体系之中。在阶级社会中,立法必须体现统治阶级的利益,法律与统治阶级的利益及道德在根本上是一致的,统治阶级总是把符合自身利益的道德规范上升为法律。在消灭阶级的社会中,立法转化为不同阶层的利益主体的博弈过程,立法必然会受到立法者所代表的利益群体的影响。在当代中国,对于较高层次的法律的制定,其立法者是广大的人民群众,因而所制定的法律必然反映广大人民群众最根本的利益诉求;而在较低层次的立法中,如在地方性立法中,大量的地方性法规、规章的制定者是地方人大和地方政府,因而这些法规、规章的“良善”也必然与制定者的道德密不可分,如果立法者仅考虑本地方利益或仅考虑小集团利益,则难免在立法时丧失公正。因此,立法者本身的道德就成为法律是否公平、正义的基本前提和重要保障。

(二)立法道德的基本要求

第一,立法内容的道德要求。亚里士多德在其《政治学》中明确指出:真正的法治国家必须具备两个条件,即“良法”和“良法被普遍遵守”。所谓“良法”,也称“良善之法”,是指立法内容的合道德性,立法者在制定法律的

① 余其营、吴云才:《法律伦理学研究》,成都:西南交通大学出版社2009年版,第92页。

过程中应以道德价值为指引，使创制的法律的内容符合道德的良善要求。“良法”必须以公平正义、权利自由等原则为自身的价值追求。

良法的核心是公平正义，公平正义是立法的最高价值目标。只有反映最大多数主体的一般利益的法律才具有道德前提和价值基础，才是合乎道德的良法；反之，如果法律反映的只是少数人或小集团的利益，则不具有道德前提和价值基础，是不道德的恶法。当然，在不同的历史时期和不同的社会制度下对公平正义的理解各不相同。封建制法律以封建道德作为价值基础，维护宗法制、等级制被视为当然的正义，封建制法将尊卑贵贱的等级秩序和特权作为公平，将三纲五常看作正义的标准，特权、不平等是封建主义公平观的核心；资本主义制度虽打破了封建特权的道德观念，但本身又制造了新的不平等——雇佣劳动与剩余价值，将维护资本主义雇佣剥削制度作为公平观的核心，资本主义法律反映的仅是少数资产阶级的利益，其反映的正义具有虚伪性；与资本主义法律的价值基础本质不同，社会主义法律集中反映了广大人民的共同利益，人民性、正义性是社会主义法律的道德基础，社会主义法律主张人格平等、消灭剥削、反对特权，社会主义公有制和按劳分配是社会主义法律公平的代表性体现。

良法的第二项重要的价值追求就是权利自由。法律的文明和进步就是人们的权利不断得以实现的过程，权利的实现就是社会主体的价值逐渐地得到弘扬、确证和尊重的过程，积极主张权利本身就体现了社会的正义。[①]实现法治国家必须以公民权利意识的确立、强化和实现为前提。[②]封建制法律不尊重人的基本权利，过分强调、塑造义务性人格，权利义务明显不对等；资本主义法律虽极力强调尊重人权、自由平等，但仅为少数人的权利和自由而服务的法律必然难以掩盖其本质上的虚伪性；只有社会主义法律才真正尊重人的基本权利，鼓励追求正当的个人利益，能真正体现权利与义务的一致性。尤其改革开放后，我国法律的内容和功能更加丰富，调整经济活动的法

---

① 公丕祥：《法制现代化的理论逻辑》，北京：中国政法大学出版社 1999 年版，第 277 页。

② 刘云林：《论公民守法道德的养成》，载《中州学刊》2003 年第 2 期。

律迅速增加，从单一的阶级斗争工具的政治功能向经济功能转变，包含平等意识、权利意识、竞争意识的服务经济发展的法律不断出台，法律特别突出了对权利的尊重，充分体现对个人正当利益的肯定与保护，对经济发展起到了积极的调整和规范作用。公民权利、自由意识的增强成为社会主义法律不断趋向“良善之法”的重要标志。

第二，立法程序的道德要求。立法程序的道德要求即立法程序的公正性，公正性具体表现为立法的民主性和公开性。立法的民主性是指在立法过程中社会公众享有平等地参与并表达主张和意见的权利和机会，应当保障人民通过多种途径参与立法活动，只有民主立法才能真正使法律成为人民意志的体现，因此立法的民主性是保障法律存在合理性的重要依据。同时，立法的民主性还是自觉守法的重要前提，因为民主立法有助于社会公众平等地参与立法过程。只有社会公众参与立法，才能了解和把握立法的宗旨和意义，对法律产生认同感，只有认同和接受法律才能更好地自觉遵守法律。而要真正实现立法的民主，公开是最为根本也是最为有效的手段和途径，只有采取公开立法的模式，社会公众才能真正拥有平等参与立法的机会和可能。立法的公开性是指立法机关的决策过程应当向社会公众开放，公众有权参与或旁听法律制定的全部过程，具体包括立法草案的公开、立法审议和表决过程的公开、立法结果的公开。由于立法过程反映不同的利益诉求，传统的依靠立法代表表达意见的方式已经很难充分反映广大人民群众的意志，因此，我国 2000 年颁布的《立法法》首次规定了立法的听证程序，凡属重要的地方性法规草案均采取听证、座谈等方式向社会公布，广泛征求民意，对参与者提出的各种意见给予高度的重视与关注。只有立法的过程被社会公众知悉和了解，才能有效地监督立法程序，使其不会沦为个别人权力滥用的工具，才能确保立法过程中各种利益冲突与调整的公平性和公正性。

第三，立法者的道德要求。一个合格的立法者应始终站在人民的立场上，坚持以人为本，充分尊重和保障全体人民的利益。“立法主体不能凭个人感情和好恶行事，而是要把反映道德价值取向的公正原则作为一种法的精神贯彻到立法中去；这就要求立法主体具有较高的政治素质、较好的道德品质，只有这样，由他们制定的法律才会符合人民大众的利益，才能得到人民的遵从和信赖。”①立法者的道德要求主要包括集体主义、服务人民和尊重权利三项内容。集体主义即集体利益高于个人利益或小集团利益，这种道德要求决定了立法者在制定法律时必须秉公办事，在立法时不能只考虑一己之私，而应当以社会公益、集体利益为重。与集体主义对应的思想为个人主义，如果立法者本着个人主义进行立法活动，那么其立法权力极易沦为谋取私利的工具。我国大部分的法规、规章都是地方权力机关或行政机关制定的，一些部门的个别官员基于个人主义总是努力维护本部门的利益，如电力、电信、医药采购定价等，这种维护小部分人利益、违背大多数人利益的做法明显违背了集体主义原则。②同时，立法者还必须以服务人民为基本的道德要求，服务人民即为人民服务，对人民负责，这种道德要求决定了立法者在制定法律时，必须保持认真负责、民主公开的态度，凡是涉及人民重大利益的立法事项，都要广泛征求社会意见，采取严格的听证程序，要对立法内容的制定依据做出科学全面的说明和解释。立法者的道德要求中还包括尊重权利，尊重权利即尊重公民的基本权利，在涉及公权力与私权利的冲突立法中，必须充分考虑对私权利的合法保护，应本着权利与义务相一致的基本原则，不能仅规定公民的义务而忽视公民的权利，尤其在涉及社会公众基本生存条件时（如在国家征用房产中的立法考量），更要充分保护公民的合法权益。

三、道德对执法的基础作用

（一）执法道德是严格执法的主体保证

第一，执法者的道德素质是严格执法的主体保证。再良善的法律也需要人来加以执行，不能设想良法一旦制定，社会就能井然有序，如果执法者

① 马韶青：《构建法治社会的道德体系》，载《兰州商学院学报》2006 年第 1 期。
② 石春金：《论法治的道德基础》，硕士学位论文，武汉大学，2005 年。

没有较高的道德水平，即使存在良法也不易获得切实的执行。道德作为一种价值观念必然会影响执法者对法律活动的理解和对法律的理性认识，进而使其做出遵守抑或违反的选择，道德在法律的执行过程中发挥重要的基础性作用。执法是国家行政机关执行法律的专门活动，它涉及国家管理和社会生活的各个方面。执法并不是一项纯粹的技术性活动，它是执法者对法律条文背后的法治精神的理解和把握，如何正确理解和阐释法治精神必然与执法者自身的道德相关，因此，执法者的道德素质与法律能否正确执行直接相关，执法者是否具备健全的社会主义道德和良好的职业操守必然影响他们能否忠于职守、执法严格。执法者只有严格执法，秉公办事，才能使法律得到真正的贯彻实施。在执法活动中，执法者的道德水平直接影响着行政许可权、财政资金分配权、行政处罚权等能否被正确适用，执法实践中大量的权力腐败和权力滥用往往都源于执法者低劣的道德水平。梁启超曾指出："法虽善，非其人亦不行。""政治习惯不养成，政治道德不确立，虽有冠冕世界之良宪法，犹废纸也。"

当然，当强调执法者的道德素质对严格执法的作用时，有人会产生人治的担忧，其实不然。从治国方略的角度来看，法治与人治是一对相对称的概念，这是从对公权力制约的角度来谈的，相对于以人的意志来治理国家的方式，法律的稳定性当然优于人的主观性，法治能有效地避免意志的随意性，其进步性毋庸置疑，但实践中出现了概念的混淆，将人治等同于德治，在反对人治的过程中将德治也一同否定了。而事实上，人治与德治完全不同。无论是人治还是法治都不是孤立存在的，都必须以人们内在的道德精神加以支撑，即无论是贤人之治还是法律之治，都离不开治理者道德水平的内在制约，即"德治"，再良善的法律也必须通过具体的人来执行。强调法治丝毫不意味着对法律执行者的道德素质的否定，而否定人治也决不能否定"人治"中贤人之德的重要性。提倡法治主要是为了改变人治的传统，消除人治的弊端，而绝非否定德治。而在确定了依"法"治理的选择后，必须充分考虑如何做到"依"法而治，而这必然离不开治理者良好的道德素质。依"法"是指从外在的法律制度来加强对公权力的制约，而对于如何"依"法的问题则涉及执法者内在的道德约束。

第二，执法者的道德素质是监管有力的主体保证。执法活动是对社会活动的监督、管理，这种监管是否到位、有力，与执法者的道德品质密切相关。在对违法犯罪的根源分析中，执法者的监管不力确实是原因之一，客观地来讲，许多违法问题确实源自监管不力，而监管作用未能有效发挥的一个重要原因正是在于监管者本身的道德缺失。监管必然由具体的人来完成，这就必然涉及人的道德品行，监管作用的发挥必须建立在一个在道德品行上值得信赖的监管者群体的基础之上，如果无法保证监管者的道德品行，那么监管本身也就失去了意义，也就是说，监管能否有力，在很大程度上还是要取决于监管者的道德素质。如果说被监管者在道德缺失又缺少监管的条件下极易做出违法之举，那么监管者在道德缺失又缺少对自身监管的条件下，其本身又何尝不会以身试法、滥用监管权力呢？以食品安全违法案件为例，制售有毒有害食品的生产者固然道德败坏，但如果监管者能具备基本的道德良知，能做到加强日常监督、恪尽职守，那么恶性违法行为就会被及早发现并加以制止，会有更多的人免受其害，否则执法者的道德缺失必然使监管的力度大打折扣。因此，监管力度的强弱与执法者的道德水平密切相关，重视并提高执法者的道德素质是监管有力的重要基础。

（二）执法者的道德要求

执法是指国家行政机关执行法律的专门活动，行政主体是法律的执行者，执法者的道德也称执法道德或行政道德，执法者应具备的道德素质包括执法为民、公正无私、执法诚信与廉洁自律。

第一，执法为民。执法为民是社会主义法治的本质特征。执法者是掌握国家行政权力的主体，应具备公仆意识和全心全意为人民服务的道德观念。执法者必须树立坚定的社会主义权力观，明确执法权力是人民赋予的，应当运用权力为人民谋取更大的利益，而不是利用权力为个人或小团体谋取私利。执法者在行使权力时必须以人民的利益为重，人民的利益高于一切，当来自上级的某些决策不正当或有悖于人民利益时，执法者应当基于职业良知与道德信念勇于提出质疑。执法的目的是更好地进行社会公共事务的管理，为社会公众提供优质高效的公共服务。作为这一目的实现主体的执法者必须具备高度的对国家和人民的责任心，对每项执法活动均从维护社会公众利益的角度进行考虑，时刻以实现人民的利益为最高宗旨。

第二，公正无私。公正无私是执法者的一种崇高的道德品质，执法的公正无私就是指要严格依据法律的规定处理各项事务，做到依法行政、公正裁量、不徇私情、不讲关系，不受政治、社会、家庭或其他社会关系的影响，必须客观公正地处理各项社会公共事务。由于执法活动是执法者对社会公共事务进行的管理，而社会公共事务又具有复杂多变性，这就需要执法者在一定范围内进行自主的裁量和判定，此时，必然要求执法者具有公正的品德，否则难免出现执法不公或执法徇私。执法公正分为实体公正和程序公正两个方面。实体公正体现为：执法者不得因私人利益、部门利益或个人偏见而滥用执法权，尤其在行政处罚、行政许可等拥有较多自由裁量权的情况下，必须遵循人人平等的原则，不能因行政相对人的社会背景和地位而区别对待。在程序公正方面，执法者应当充分尊重行政相对人的申辩权利，给予其应有的表达意见的权利和机会，同时不应与行政相对人单独接触，不应忽视调查而直接得出结果。执法公正与否直接关系到社会公众对执法活动的信任度，如果执法不公，则必然会使执法者严重背离其作为社会公众利益的代表者与维护者的神圣职责要求。

第三，执法诚信。执法诚信是指作为执法机关的政府及其工作人员对于人民赋予其的执法权能够正确运用和恰当履行。一个恪守诚信的执法者可以积极推动执法活动的顺利进行，反之，一个失信于民的执法者必然会引起人们对执法活动的怀疑和否定，执法者的诚信程度决定了执法力度的强弱。执法过程中的诚信要求主要包括：执法者必须遵循实事求是的道德准则，一切从实际出发，尊重客观环境，树立严谨务实的工作作风。如在执法过程中，对于迫于生存压力而违反法规或政策的相对人，执法者在做出处罚时应充分考虑其最低生活保障，不得完全剥夺其维持基本生活的财产及机会，如果执法者不考虑相对人的生存要求，那么执法活动在实质上也就远离了公平、正义。[1]执法者必须守信用重承诺，必须始终如一地贯彻执行政府所制定的规章和政策，不能有章不循、违背承诺。规章和政策体现的是社会公众的集体利益，只有严格地依法、依章行政，才能从根本上切实保证社会公共利益的实现，才能使社会公众真心地信服和支持执法者的执法活动。

第四，廉洁自律。执法者是国家行政权力的代表，肩负着管理社会公共事务、维护社会公共利益的重要职责，执法的过程就是彰显国家意志的过程，如果执法者自身不具备清廉的作风，就会使执法丧失廉洁性，而执法一旦丧失廉洁性，就会使公权力与私利发生勾连，进而造成官员的腐败和权力的滥用。因此，执法者必须与商业活动保持应有的距离，更不能利用自己的权力、地位谋取私利，执法者应以清廉、简朴为基本准则，而不应追求奢华的生活方式。我国《公务员法》明确规定，公务员不得经商、不得从事经营性活动，其目的就是为了避免公权力与私利的勾结而导致行政权力的滥用，清正廉洁是每个执法者必须具备的重要道德品质。

四、道德对司法的基础作用

（一）司法道德是司法公正的重要支持

虽然我国已经建立起了相对完备的社会主义法律制度，但仅有良善的法律制度（即“良法”）还不够，良法还必须得到准确的理解和公正的适用，即必须实现司法公正。而法律的公正适用离不开人的具体操作，人的道德水平的高低会极大地影响法律适用的效果，良善之法能否被正确适用，要取决于法律适用主体（即司法者）的道德品行。如台湾学者史尚宽先生所言：“虽有完美的保障审判独立之制度，有彻底的法学之研究，然若受外界之引诱，物欲之蒙蔽，舞文弄墨，徇私枉法，则反而以其法学知识为其作奸犯科之工具，有如为虎附翼，助纣为虐。是以法学修养虽为切要，而品格修养尤为重要。”[2]司法活动中司法者所具备的优良道德品质对法律适用影响重大，

① 万俊人：《现代公共管理伦理导论》，北京：人民出版社 2005 年版，第 188 页。

② 史尚宽：《宪法论丛》，台湾：荣泰印书馆 1973 年版，第 336 页。

直接关系到司法行为的公平和公正。司法者的道德是法律得以适用的基本保证,是司法公正的重要支持。

第一,司法者的道德素质是司法实体公正的重要支持。司法实体公正是指法官在裁判时应当做到认定事实清楚、适用法律准确,对当事人的实体权利和义务的分配正当合理。在对案件事实的认定和法律的适用过程中,司法者的道德素质对实体公正起着至关重要的作用,因为对事实的认定离不开对证据的分析判断,而法官对证据的分析判断是凭借他的经验、知识和良知进行的,他需要对当事人的证据、观点进行分析思考,确定证据的真伪属性、证据与案件事实的关联程度及其证明力,从而做出确定性选择。法官可对案件事实判断得宽一些或严一些,实际上他能大大地变更适用法律的条件。在这一过程中,法官的道德水平具有重要的作用,如果法官不能秉承公正、客观的道德标准,那么就极有可能在对证据的分析和认定中加入人为的倾向性,对于同一案件事实,不同道德素质的法官会做出完全不同的裁判结果。在司法实践中,部分以权谋私、枉法裁判、司法不公等现象并不是因为司法者对证据的分析判断出现失误,而是因为他们的道德天平发生倾斜。正如有学者所言:"为了实现社会主义法治,一定要有一批大无畏的不惜以身殉职的司法工作者来维护社会主义法治的尊严,这就必然要求我们的司法工作者具有高度的道德水平。一个道德平庸的人是无法胜任这一任务的;一个道德败坏的人则只能是对这一任务的嘲弄。"①除事实认定和证据分析外,在法律适用和实体权利义务分配方面,司法者的道德素质也同样发挥着重要的基础作用。实践表明,司法实体公正的实现无不与司法者的道德品行密切相关,只有司法者具备良好的道德素养,具有正确的正义观,敢于秉公执法、不徇私利,才能保障法律的正确适用。

第二,司法者的道德素质是司法程序公正的重要支持。所谓司法程序公正就是指在诉讼过程中应保证各方诉讼参与人法律地位的平等和诉讼权利的公平。司法实体公正是司法活动追求的终极目标,而司法程序公正则

---

① 沈宗灵:《法理学》,北京:北京大学出版社 1999 年版,第 261 页。

是实现司法实体公正的重要基础。法官的良好道德素质不仅能够直接影响司法实体公正的实现,更体现在对司法程序公正的严格维护方面。虽然从制度角度,各国程序法都对限定法官司法权的行使(即保证司法程序正义)做出了很多极有意义的规定,主要包括:法官的回避制度、禁止与当事人非正当接触的制度、不得非法采集证据的制度、严格遵守审理期限和及时裁判的制度等,但这些制度的真正落实在很大程度上还是要依赖于法官的道德自律。这是因为,现实中好的制度的运行要受到外部条件的制约,许多程序方面的法律制度很难得到全面有效的监督。以法官与当事人非正当接触的禁止性规定为例,国家不可能动用巨大的人力、物力、财力对每一位法官进行 24 小时全面即时的监控,这一制度在实践中的难操控性决定了法官道德自律的重要性。事实上,许多实体违法行为都是从程序违法开始的,如给予不同当事人不同的举证期限,搞证据突袭,或故意拖延审理期限以便于当事人转移财产,更有甚者恶意毁损重要证据以达到颠倒事实、混淆黑白的不法目的。正如学者所言:假若已有一套完善的保障司法公正的制度,但如果没有完美人格的法官群体适用法律,司法公正的理想也是难以实现的。①由此,司法程序公正的实现在很大程度上还是要依赖于法官的道德自律,法官道德素质的提高对司法程序公正的实现发挥着重要的基础作用。

第三,司法者的道德素质是司法公正的重要支持。司法是司法者根据法律规定、证据材料和自身的良知对案件事实做出判断的活动,司法活动并非单纯、机械地适用法律。将抽象的法律规范应用于具体的社会事件,必然需要一定的逻辑判断,在这一过程中,司法者享有很大的自由裁量权,尤其在法律规定尚不完备而又必须做出裁判时,司法者的内在道德良知就会直接影响对公平正义的理解与适用。博登海默曾指出:“当法律出现模糊不清和令人怀疑的情形时,法官就某一种解决方法的‘是’与‘非’所持有的伦理信念,对他解释某一法规或将一条业已确立的规则适用于某种新的情形来

---

① 徐益初:《论司法公正与司法人员》,载《中国法学》1999 年第 4 期。

讲,往往起着一种决定性的作用。”[①]如果法官道德素质较高,在运用自由裁量权裁判案件时,就可以忠实地解释、理解法律规定的精神或含义,能够公正地解决案件,反之,则可能曲解法律,侵犯当事人的合法利益。[②]司法者的道德能力不仅仅表现为道德的意志力,还表现为道德的判断力,道德的判断力是司法者依据客观道德标准对他人的言行进行肯定或否定的评价,从而保证法律适用的严格性和准确性的能力。一个身怀正义与良知的法官,会有一种深深的护法使命感。在法律没有规定的地方,他会根据习惯的做法、有关的政策性规定或原则及多年司法经验做出理性的决断,补充那些空白;在法律不明确的地方,他会以实践的智慧加以补充,使之丰富和细致;在法律有冲突时,他会选择他认为结果会更好的法律。总之,只有具有优秀道德品质的法官,才会在法律解释中,最大程度地彰显法律的正义精神,对立法的不当之处和盲点,依据自己的良知做出判断和调整。反之,一个道德素质低下的法官,则会利用法律谋私,曲解、误解法律规范,甚至有意规避法律规范乃至枉法裁判。[③]

(二)司法者的道德要求

司法道德是法官在行使公共权力的活动中,对公共权力性质的正确把握及对自己职业行为的积极态度,它体现为对法律的信仰、对公正的维护、对人权的尊重和对职业的忠诚。[④] 在司法产生之前,人们发生纠纷通常都是推选德高望重的人来加以裁判的,因为只有裁判者具有令人尊重的道德品行,才能使纠纷各方信服其裁判的公正性。司法产生后,国家公权代替私力救济,法官代替氏族或家族德高望重的长者,人们对司法裁判公正的期盼又合理地归结至对法官司法道德的依赖。相对于一般社会群体的道德,对司法者的道德具有更高、更为严格的要求,这是因为,司法者是司法权力的实

① [美]博登海默:《法理学:法律哲学与法律方法》,邓正来译,北京:中国政法大学出版社2004年版,第398页。

② 石先钰:《法官道德建设研究》,博士学位论文,华中师范大学,2006年。

③ 田霞:《法官道德对司法公正的影响及作用》,载《煤炭高等教育》2003年第4期。

④ 陈晓雷:《构建法律道德的正义基础》,载《黑龙江社会科学》2011年第3期。

际应用者,是社会矛盾的终局裁判者,这种权力的行使不仅能够直接决定纠纷各方的利益分配,而且还会极大地影响社会公平正义的最终实现。司法者所从事的司法活动本身就是维护正义之事,那么,欲为正义之事,必须首先做正义之人,社会对于司法者的道德要求较高是由司法活动及司法者本身的社会职责和社会角色所决定的。世界各国无一例外地都对司法者的道德品性提出了较高的要求,包括正义、中立、无私等。我国1995年颁布的《法官法》、2001年最高人民法院发布的《法官职业道德基本准则》以及2002年最高人民法院发布的《关于加强法官队伍职业化建设的若干意见》对法官的德行提出了明确要求:法官必须忠实执行宪法和法律,全心全意为人民服务;秉公办案,不徇私情,保障司法公正;清正廉洁,忠于职守。同时还特别强调法官自身道德修养及职业道德建设的重要性。

第一,司法为民。司法者不仅是掌握国家司法权力的主体,同时更是人民的公仆和勤务员。司法者不能以权力者自居,要坚决抵制"官本位"思想,不能做高高在上的大老爷,而必须时刻以最广大人民群众的根本利益为行为的最高准则,必须形成坚定的为人民服务的道德观念。权力是人民赋予的,必须为人民办事,人民的利益高于一切。要做到司法为民,还必须有浩然正气,即司法者必须具有坚定、正义和威武不屈的气节,在司法过程中能够做到"富贵不能淫、贫贱不能移、威武不能屈",以坚定的信念和精神真正实现司法为民。

第二,公正无私。司法者是公正的化身,因而公正理应成为司法者必须具备的重要道德品质之一,公正必然要求"无私"。司法者应当秉公办案,不能徇私情,更不能讲关系。司法公正包括实体公正和程序公正两个方面。在司法实体公正方面,司法者必须公正地行使裁量权,公正裁量包括裁判标准的公正和裁判结果的公正等,应当平等地分配社会公众的权利或利益,对合法的权益给予保护,对违法犯罪依法严惩,应平等地保护各方当事人的合法权益。在司法程序公正方面,司法者在审判中必须保持中立,有利害关系的应当依法回避;必须严格遵守审理时限,不得拖延审理;必须充分尊重当事人的诉讼权利,不得随意剥夺其辩论、质证等权利;必须以合法手段采集证据，不得违反程序非法获取证据等。[①]

第三，忠于法律。司法者的职责就是通过对法律纠纷的公正裁判以实现司法正义，这就要求其必须具有忠于法律的道德品质，即“依”法裁判。马克思主义法律观认为：“法官除了法律就没有别的上司。法官的责任是当法律运用到个别场合时，根据他对法律的诚挚的理解来解释法律……独立的法官既不属于我，也不属于政府。”[②]中立是司法者的基本道德要求，法官必须保持超然独立的地位和心态，严格依法办事，不得单独接触当事人，不能先入为主，带有偏见。忠于法律要求司法者不应受政治、社会、家庭或其他关系的影响，不能受当事人意见的支配，不能受公共舆论的控制，更不能被政府权力所左右。只有中立地运用法律解决纠纷，才能真正实现司法的公信力，而要达到这一点，必然需要司法的独立，即司法权力必须独立于行政权力和其他权力之外。

第四，清正廉洁。作为保护公民权益、维护社会正义的掌握重要权力的司法者，必然要求其具备远高于一般社会公众的道德品质，社会也必然对其赋予更高、更严格的道德要求，其中，清正廉洁是每个司法者必须具备的基本道德品质。司法者要与商业活动保持应有的距离，也不能利用自己的职业、地位谋取私利，司法者应以清廉、简朴为基本准则，而不应追求奢华的生活方式。我国《法官法》、《检察官法》均明确规定，法官、检察官不得从事经营性活动。我国《法官职业道德基本准则》第 38 条也明确规定：法官从事各种职务外活动，应当避免使公众对法官的公正司法和清正廉洁产生合理怀疑，避免影响法官职责的正常履行。同时该准则第 43 条规定：法官不得参加营利性社团组织或者可能借法官影响力营利的社团组织。《美国法官行为准则》甚至将法官的业余活动也严格细化，包括业余活动的范围、民间及慈善活动、财经活动、信托活动、仲裁、从业律师、司法外任命等。这些规定的目的都是避免公权力与私利的勾结而导致司法腐败。

---

① 王田园：《法治实践过程中的道德基础分析》，硕士学位论文，郑州大学，2010 年。

② 《马克思恩格斯全集》第 1 卷，北京：人民出版社 1956 年版，第 76 页。

五、道德对守法的基础作用

(一)守法道德是自觉守法的持久力量

按照亚里士多德的“法治”内涵,真正的法治国家应包含两方面内容:一是良法的存在,二是良法被普遍地遵守。仅有良善的法律制度即“良法”是远远不够的,良法还必须能够得到切实的遵守,而良法如何能得到切实的遵守,离不开守法者对法律的认知态度,根据认知的程度又可将守法区分为积极守法与消极守法两种类型。

第一,“积极守法”与“消极守法”。学界关于守法依据的观点众多,包括社会契约论、功利论、暴力威慑论、幸福论、平衡论等。而笔者认为,守法的依据主要来自两个方面,其一是国家强制力的外在约束,其二是人的内心信念对法律本身的认同,由此,守法又被分为消极守法与积极守法两种类型。所谓消极守法,是指虽然个体内心并不认同法律,但迫于法律的强制,为了避免处罚而被动地遵守,消极守法是守法的他律阶段,通过法律的强制而被迫守法是低层次的守法。所谓积极守法,是指由于内心认同法律所蕴含的道德精神而自愿地守法,通过道德的认同而积极守法是高层次的守法。消极守法与积极守法的持久性和稳定性明显不同,消极守法是因为惧怕法律制裁不想受到惩罚而被迫遵守,因而必然会因法律的不健全、监管的不严格等许多外在的因素而受到严重破坏,消极守法不稳定、不持久。而积极守法有了内心的认同和确信,使得法律的遵守获得强大的动力源泉,具有了持久的力量。从道德与法律的互补性来看,法律是外在的约束,道德是内在的约束,两者的作用不可相互替代,法律运行的内在驱动力必然来源于道德。法律固然具有道德无法比及的强制性,但是单纯依靠外在的强制而使法律得以运行是不稳固、不持久的,是被动的、消极的,只有内在的认同才使法律运行获得持久的力量。积极守法意味着主体对法律所蕴含的价值和意义具有深刻的认识和把握,并能够积极主动地自觉遵守。守法不再是一种对法定义务的履行而是主体内在的道德需要,守法的目标不在于使人被动地接受法律而是心里自觉地将守法作为一种道德需要，深刻的认同和道德的需要是法律得以遵守的最为稳固和持久的动力源泉。

第二，道德认同是“积极守法”的重要前提。法依靠国家强制力保证实施，这是从终极意义上讲的，不意味着每一个法律规范的实施都要借助国家的暴力。强制力不是保证法实施的唯一力量。如果一个国家的法仅仅依靠国家暴力系统来维护，这个国家的法就成了纯粹的暴力。① 事实上，人们服从法律有多种原因，强制性只是其中之一，除此，还有利益考量、社会舆论、心理惯性，更重要的是守法的道德义务。立法虽然可以产生具有强制性的法律，但若脱离了人们的内心认可与自愿服从，法律的强制性就难以发挥作用，即没有道德的支撑，法律就难以有效地施行。法律强制性的有效发挥依赖于对法律内在的道德认同，个体道德是自觉守法的关键，缺少道德支撑的法律不可能得到普遍的遵守。②社会公众对守法的态度更多取决于对道德的认同，大多数社会成员并不仅仅因为惧怕法律制裁而守法，而是因为内心的良知和道德标准在发挥作用。一个积极守法的人，总是能倾听内心的呼声，并据此来调整自己行为的方向和路线。对于那些符合守法义务要求的情感、意志、信念以及行动方式和手段，它便给予鼓励和强化，否则，便给予纠正和弱化，特别当行为过程出现认识错误、情欲干扰、方式和手段失当时，主体内心总是能够纠正某种自私的欲念和偏颇的情感，改变行为的方式和方向，以避免产生不良后果。③事实上，在守法过程中，社会公众难免会受到主客观因素的影响，比如恶劣的守法环境、巨大的物质利益诱惑等，在法律对违法的威慑不变的前提下，能否守法就往往取决于主体道德意志的强弱。如果道德意志坚定，即使在恶劣的守法环境中也能够严格地约束和控制自己的言行，现实中，许多人并没有法治观念，也不具备专业的法律知识，不了解违法的严重后果，但同样能做到遵纪守法，这是因为有坚定的道德意志；

---

① 张文显：《法理学》（第 3 版），北京：高等教育出版社 2007 年版，第 78 页。
② 唐凯麟、曹刚：《论道德的法律支持及其限度》，载《哲学研究》2000 年第 4 期。
③ 王田园：《法治实践过程中的道德基础分析》，硕士学位论文，郑州大学，2010 年。

反之,如果道德意志不坚定,即使熟知法律条文并深知违法后果,也仍然敢于做出违法犯罪行为。在极端个人主义与不劳而获思想的支配下,道德沦丧者敢于实施盗窃、抢劫、假冒伪劣等违法行为;在权力至上、特权思想的支配下,道德沦丧者同样敢于做出贪污受贿、以权谋私、枉法裁判等犯罪行为。诸多知法犯法的事例表明,法律强制性的作用不是绝对的,仅凭强制并不能使法律得到普遍遵守,刑罚固然可以使人因畏惧而不敢欲争,却不能消除欲争之心。守法的主要依据不能仅仅是惧怕,单纯的惧怕不是对法律的认同而只是对后果的担忧,此时利己性的衡量就会发生主要作用。马克思指出,有300%的利润,资本家就敢冒被绞首的危险,现实中走私犯罪、毒品犯罪虽惩罚严厉,但依然发生。这说明在无道德的前提下,人们会在法律惧怕与利己性之间做出一种权衡,在巨大的利益面前,许多人会战胜恐惧而选择违法。而且,在丧失基本道德观念的前提下,人们还会想方设法地规避法律,使其强制力难以充分发挥作用。

由此,道德是守法的内在支撑,是积极守法的前提,是自觉守法的持久力量,如果缺乏道德的内在支撑,法律不可能得到普遍而有效的遵守,守法需要依靠社会成员内在的道德认同。如果大多数社会成员道德素质低下,那么无论存在多么良善的法律,也不能从根本上解决严格守法和长治久安的问题。守法只有以道德为基础,才能获得广泛而深刻的群众心理认同,才能易于被理解和接受。人的行为选择取决于自身的道德认识,高尚的道德情操会使人自觉地遵纪守法,而卑劣的私欲则极易驱使人们走向违法犯罪。道德作为一种观念作用于人的行为,主要表现为通过社会舆论给人施加精神压力,让人内心产生煎熬和痛苦,道德的缺失必然会影响人们对积极守法的选择。正如尼采所说:“上帝死了,众神在堕落”,意指人们的行为如果失去了道德的约束,社会的秩序就会处于失范的状态,各种违法犯罪就会由此产生。因此,道德的存在以及个体道德与社会主流道德的一致性是积极守法的重要前提和基础,当主体的意志与法律的要求相一致时,法律才会得到主体由衷的遵守和服从;反之,当主体的道德观念与法律的要求相背离时,主体就不会自觉自愿地守法,甚至引发对法律的违背和践踏。

第三，对“消极守法”主张的质疑。道德与法律作为两种最基本的行为规范手段，“具有强制力”一直以来都是法律优于道德的一个重要依据。传统观点认为，道德的基础是人类精神的自律，良好的道德需要人们的个人良知和社会舆论做引导，但这对于一个置社会的评价于不顾、毫无羞耻感的人而言，社会舆论和良心就不再具有约束和导向的功能，即道德只对愿意遵守道德的人发生作用，这种作用是极其有限的，并不存在普遍有效性。尤其在利益多元化的社会中，道德力量减弱，社会必须通过另外一种能够明确道德规则的内容和范围、具有强大权威的规则来弥补道德规范的不足，强化道德的权威和约束性，这就是法律，认为将部分道德规范、道德原则、道德习惯上升为法律，通过国家意志即法律的强制性使道德规范化、制度化，从而提高道德建设的效率。[①] 一言以蔽之，在非强制性的道德不足以约束人们的行为时，需要大力加强法制建设，即对道德败坏的人应该用法律加以约束。

对此观点，笔者心存疑虑，固然，在道德滑坡时，法律可以弥补道德软约束的不足，以强制力来发挥规范行为和秩序的作用，但是道德是守法的基础，没有道德的人往往更容易践踏法律。在道德不能发挥作用，必须借助法律的强制力来约束行为时，很明显，此时行为主体的主观方面是非自觉的，这就会产生新的问题：在内在道德不足以约束行为时，又该依据何种力量保证行为主体在非自觉的状态下一定能遵守法律？又该依据何种力量去保证司法主体能够正确适用法律以发挥其强制力？换言之，在道德不能发挥作用时，法律的适用和遵守本身也同样面临着考验。[②]“我们不无疑虑，当一种规范在道德领域已经不能很好地被人平和、普遍地加以实施时，将其上升为法律，加上一层强制力，就能奢望行为主体会有效地将其内化，在内心里又将法律义务上升为道德义务，而不是出于‘畏法’而暂守之？若守法的精神是这样培养出来的话，那不能不说是法治的悲哀。”[③] 即使在法制相对完备

① 唐凯麟、曹刚：《论道德的法律支持及其限度》，载《哲学研究》2000 年第 4 期。

② 陈晓雷：《法律运行的道德保证》，载《学术交流》2011 年第 10 期。

③ 郑云波：《世俗法律与上帝律法之局部比较——法律被信仰的理论与实践分析》，载许章润等：《法律信仰：中国语境及其意义》，桂林：广西师范大学出版社 2003 年版，第 115 页。

的西方国家，人们对法律的接受也不是建立在法律具有强制性这一基础上。人们信仰上帝，并不是出于惧怕上帝，而是希望从上帝那里得到拯救。一个法律制度功效的首要保证必须是它能为社会所接受，强制性的制裁只能作为次要的辅助性保证。虽然法律制裁在很大程度上对人们的法律行为起着潜移默化的作用，但由此推出威吓可以使人信服的观点是难以令人信服的。孟子曰："徒善不足以为政，徒法不足以自行。"[①]的确如此，"法律可以创设特定的义务，却无法创设服从法律的一般义务。一项要求服从法律的法律将是没有意义的。它必须以它竭力创设的那种东西的存在为先决条件，这种东西就是服从法律的一般义务。这种义务必须、也有必要是道德性的"[②]。无论是在利益一元化还是利益多元化的时代，法律强制性的发挥都要取决于行为人的道德保障，不能抛开这一基本的前提去奢谈法律的强制性优势。在"有法必依、执法必严、违法必究"的法律运行中，法律强制力的彰显是由具体的人来实现的，如何做到"必依、必严、必究"，都离不开执法者和司法者的个体道德，道德水平会直接决定着法律强制性的发挥。正如伯尔曼所言：正如心理学研究现在已经证明的那样，确保遵从规则的因素如信任、公正、可靠性和归属感，远较强制力更为重要。法律只在受到信任，并且因而并不要求强制力制裁的时候，才是有效的。[③]道德是法律运行的基础，法律强制性的发挥在很大程度上取决于行为人的道德水平，法律的强制力存在与否和能否真正发挥是两个问题，有强制力但不能充分发挥就失去了强制力的优势。守法的依据除了法律本身具有的强制震慑功能外，更多的是需要人类的内在道德约束，道德入法的前提正是积极守法的失败，试图通过法律的强制力来改变守法的态度无疑是不能成立的。[④]

另外，从法律的起源来看，法律不是一开始就有的，它源于道德，从习惯

---

① 《孟子·离娄上》

② ［英］米尔恩：《人的权利与人的多样性——人权哲学》，夏勇、张志铭译，北京：中国大百科全书出版社1995年版，第35页。

③ ［美］哈罗德·伯尔曼：《法律与宗教》，北京：中国政法大学出版社2003年版，第43页。

④ 曹刚、吴晓蓉：《守法的必然和应然：一个道德心理学的视角》，载《河南师范大学学报（哲学社会科学版）》2009年第2期。

演变而来，对道德的服从逐渐演化为对法律的服从，而不是相反，企图从对道德的不服从直接转向对法律的服从是不现实的。道德是信与不信的问题，而不是通过法律的强制性迫使人相信，强制最多只能使人被迫遵守而不是内心确信，在内心不确信的前提下，对蕴含道德观念的法律的遵守是不牢固的，只要有机会人们就会想方设法地规避强制性。[①]守法的状况不佳正是在这样的心态下形成的。事实上，在法律运行的各个阶段，漏洞和无人监管的状态始终都是存在的，即使存在监管，还要看监管人自身的道德素质，即法律强制力的实现始终是有局限的，此时，无道德支持的单纯法律强制并不能有效改变社会道德缺失带来的人的行为失范。正如李建华所说：无论是道德规范还是法律规范，要发挥其调节功能和导向功能，最终取决于人们的遵守和服从。法律从形式上可以借助于国家权力得以制定和实施，但若不以人们的意志和服从为前提，它的强制性就可能十分有限，甚至有时会软弱无力。

现举例说明：以小孩入果园偷苹果为例。假设父母对小孩的教育是：如果偷苹果将受到鞭打和责罚。那么小孩的思考方式就是：只要逃过父母的注意就不会受到惩罚，而对偷苹果这件事对错与否并不在意。但父母是很难做到从早到晚都保持充分注意力的。而假设父母对小孩的教育是：偷苹果本身是一件非常可耻的事情，有教养的文明人不应该这样做。那么小孩的思考方式就是：偷苹果是错误的、可耻的，这样使偷苹果的行为能否被发现以及是否会受到惩罚都不重要了，一旦形成了偷苹果可耻的认识，也就不需要父母的监管了。这表明，前一种情况即使小孩畏惧鞭打和责罚而暂时不偷，也只不过是口服而不是心服，因而很难长久保持，而后一种情况则不需要武力的威慑，谓之心服。[②]当然如何使孩子相信偷窃可耻是另一回事，这里讨论的是在已经相信偷窃可耻的前提下，相信偷窃可耻和仅仅畏惧惩罚

① 陈晓雷、高晚欣：《当代中国道德对法律的保障性研究》，载《东北大学学报（社会科学版）》2012 年第 6 期。

② 向仕明：《论守法的道德基础》，载《法制与社会》2009 年第 9 期。

会导致对法律遵守的不同效果。所以，只有充分重视个体道德建设，从外在约束发展到自觉履行，法律才能得到切实有效的遵守。

（二）守法者的道德要求

第一，尊重人权。“己所不欲，勿施于人”是一项古老的道德原则，也是一项最基本的道德原则，对于普通的社会公众而言，遵纪守法、不侵犯他人的人身权利和财产权利正是这项原则的基本要求。《刑法》中关于人身权犯罪的规定正是尊重生命权的体现，而行凶杀人的犯罪分子所欠缺的正是对他人生命权的基本尊重；《民法》中关于平等保护物权、债权等财产权的规定也正是尊重财产权的体现，而侵害他人财产的违法者所缺乏的正是对他人财产权的基本尊重；《食品安全法》中关于食品安全的规定反映的正是尊重他人健康权的体现，而对于那些为了利益而不惜违法犯罪的食品生产者而言，他们欠缺的正是对他人健康权的基本尊重；《劳动法》中关于平等保护劳动者各项权利的规定正是尊重劳动权的体现，而那些违反《劳动法》、苛待劳动者的雇佣者所欠缺的正是对他人劳动权的基本尊重。尊重人权是每一个公民都应当具备的最基本的道德品质。

第二，公民基本道德规范。2001 年 10 月，中共中央在《公民道德建设实施纲要》中明确提出“爱国守法、明礼诚信、团结友善、勤俭自强、敬业奉献”的基本道德规范，同时指出：“社会主义道德建设要坚持以为人民服务为核心，以集体主义为原则，以爱祖国、爱人民、爱劳动、爱科学、爱社会主义为基本要求，以社会公德、职业道德、家庭美德为着力点。”[①]2002 年 11 月，党的十六大报告再次指出：“认真贯彻公民道德建设实施纲要，弘扬爱国主义精神，以为人民服务为核心，以集体主义为原则，以诚实守信为重点，加强社会公德、职业道德和家庭美德教育，特别要加强青少年的思想道德建设，引导人们在遵守基本行为准则的基础上，追求更高的思想道德目标。”[②] 2012

---

① 《〈公民道德建设实施纲要〉学习问答》，北京：中国言实出版社 2001 年版，前言第 6 页。

② 江泽民：《全面建设小康社会开创中国特色社会主义事业新局面——在中国共产党第十六次全国代表大会上的报告》，北京：人民出版社 2002 年版，第 39 页。

年11月,党的十八大报告也指出:在公民层面,要倡导爱国、敬业、诚信、友善,积极培育和践行社会主义核心价值观。[①]由此,每一个公民都应当具有爱国主义、集体主义、服务人民、诚实守信的美好品德。诚信是人们进行交往时最基本的行为要求,每一个公民都应该自觉地遵守这一道德规范。热爱劳动也是公民应有的道德品质,以劳动为天职的道德观念是人们恪尽职守、尽职尽责工作的力量源泉,以劳动为荣、不劳而获为耻的道德观念可以有效降低不劳而获型犯罪的犯罪概率,同时还能鼓励广大人民群众通过辛勤劳动为社会提供优质服务,奉献社会。

第三,社会主义荣辱观。2006年3月,胡锦涛同志提出了以"八荣八耻"为基本内容的社会主义荣辱观,高度概括了社会主义社会的公民应当具备的正确道德观念:"以热爱祖国为荣、以危害祖国为耻;以服务人民为荣、以背离人民为耻;以崇尚科学为荣、以愚昧无知为耻;以辛勤劳动为荣、以好逸恶劳为耻;以团结互助为荣、以损人利己为耻;以诚实守信为荣、以见利忘义为耻;以遵纪守法为荣,以违法乱纪为耻;以艰苦奋斗为荣、以骄奢淫逸为耻。"[②]社会主义荣辱观不仅是公民道德建设的基本要求,同时也是公民遵章守纪、自觉守法的思想保障。公民合法抑或违法的行为选择往往来源于现实的荣辱体验,只有以遵纪守法为荣,才能切实避免和减少以身试法,只有以辛勤劳动为荣,才能有效遏制偷盗、诈骗、抢夺等不劳而获的犯罪。公民只有形成坚定的以劳动为荣、以守法为荣的道德观念,才能在纷繁复杂的社会生活中,在不同价值观念和善恶观念的激烈冲突中,做出与社会主流价值观相一致的道德选择与道德判断,做一个坚定的法律守护者和捍卫者。

---

① 胡锦涛:《坚定不移沿着中国特色社会主义道路前进 为全面建成小康社会而奋斗——在中国共产党第十八次全国代表大会上的报告》,北京:人民出版社2012年版,第32页。

② 2006年3月4日,胡锦涛同志在第十届中国人民政治协商会议第四次会议的民盟、民进联组会上发表的讲话。

第二章　法律运行以道德为基础的依据

本章通过对法律运行以道德为基础的学理分析、历史追溯和当代审视，即从理论与实践两个方面充分论证法律运行必须以道德为基础的理论依据和实践依据。

法律运行以道德为基础的理论依据体现在：道德规范是法律规范的重要来源，道德标准是法律良善的评价尺度，道德公平是法律追求的价值目标，道德自律是法律功能的必要补充，道德判断是法律实施的重要手段。

法律运行以道德为基础的实践依据体现在：西方国家的道德正义高于法律正义，古代中国的为政以德、教化人心，新中国初期的思想政治教育统揽全局等客观事实，均表明道德在法律运行中发挥着重要的基础作用。当代中国也已认识到道德对法律运行的重要意义，并适时提出了“德法合治”的主张，同时主张将道德融入法律。

一、法律运行以道德为基础的学理依据

“道德是法律运行的基础”这一命题是否成立取决于两个要件：一是法律运行是否必须以道德为基础，二是道德能否对法律运行发挥基础作用。前者为必要性问题，后者为可能性问题。笔者认为，道德与法律的内在联系性为道德对法律运行发挥基础作用提供了必要和可能，道德与法律不仅具有共同的经济基础和价值目标，而且还共同发挥着维护阶级统治和社会秩序的重要作用。

(一)道德规范是法律规范的重要来源

道德规范与法律规范在价值取向和社会功能上的一致性,决定了道德规范向法律规范转化的可能性与必要性。从道德与法律的起源来看,道德规范先于法律规范而存在,法律源自道德,道德是法律的基础,法律中最基本、最重要的部分大都是道德原则和道德规范长期积淀的,如摩西十诫就来源于一定的宗教习惯和道德规范。在阶级产生之前的原始社会,人们的行为主要依靠风俗、礼仪等氏族习惯来调整,氏族习惯的非强制性表明其具有道德规范的性质。而随着阶级、国家的产生,统治阶级为维护其统治,必然要对原有的氏族习惯进行选择、取舍,将符合自身利益需要的道德规范以国家法律的形式加以确认,由此,法律随着阶级、国家的产生而同时产生,符合统治阶级利益需要的道德规范也就成了法律的主要来源。"在一定意义上说,立法就是立法者以成文的形式确认和保护它的基本道德主张。"①统治阶级总是将社会道德体系中最低限度的道德上升为法律,法律是最低限度的道德。

不同社会的统治阶级总是将其所需要的道德规范上升为法律。古代中国是劳动力与土地紧密结合的典型农耕社会,农耕社会的生产方式为以血缘关系为纽带的宗族组织的存在提供了社会根基,在自然经济与小家庭农业基础上自然形成了宗法等级特权的伦理观念与道德准则,而相应的封建社会法律必然反映和维护这种以血缘情感为心理基础、以反映亲属人伦的"三纲五常"为主要内容的不平等的社会关系。资本主义社会建立在生产资料私有制的经济基础之上,其相应的道德观念表现为以维护个人利益为核心的个人主义,其相应的法律也必然反映和维护个人主义的社会关系,如《人权宣言》体现"人生而平等"、"私有财产神圣不可侵犯"的道德观,《法国民法典》反映资产阶级自由、平等、博爱的价值观等。而社会主义社会建立在生产资料公有制基础之上,必然形成国家、集体与个人利益紧密结合的

① 曹刚:《法律的道德批判》,南昌:江西人民出版社2001年版,第98页。

集体主义和服务人民的道德观念，相应的社会主义法律也必然充分体现和维护最广大人民群众的利益。

法律的产生并非人们的主观臆造，而是遵照与社会发展相适应的伦理道德观念而制定的。法律在根本上依附于道德，在立法的过程中，许多为社会公认的伦理道德的内容可以直接成为法律的重要内容，许多法律规范正是由道德规范转化而来的，法律吸收一定的道德内容，予以直接确认。如当代《婚姻法》中的一夫一妻制正是遵照当代社会的伦理道德观念而制定的，而古代婚姻法中的一夫多妻制则是古代伦理道德观念在法律中的相应体现。当代中国的《宪法》、《民法》肯定了人人平等、勤劳致富的道德原则，否定了古代法中“三纲五常”等不平等的道德观念。从内容来看，法律与道德互相渗透，道德精神贯穿于法律之中，许多法律规范本身就是道德规范，如不得剥夺他人的生命和侵害他人的财产，既是道德的基本要求，也是法律的基本规定；凡是法所禁止和制裁的行为，大都是道德所禁止和谴责的行为，凡是法所要求和鼓励的行为，大都是道德所要培养和赞扬的行为。可以说，道德原则和道德规范是法律规范的重要源泉。

（二）道德标准是法律良善的评价尺度

道德对法律运行起着精神引领的作用，伦理道德偏重于强调个体的内在行为，立法过程正是将这样一种约束人的内在行为的规范转化为一种由国家强制力保障实施的用于约束人的外在行为的法律规范。因此可以说，伦理道德内含于立法活动中，伦理道德是立法的精神支柱和评价标准。

首先，道德是法律存在的价值依据。从法律存在的正当性与合理性来看，道德标准是法律的重要评价尺度，法律存在的正当性与合理性需要从道德的角度加以论证。从法律产生的程序和制定主体来看，立法程序的民主和公开以及立法主体的广泛是证明法律存在的合理性与正当性的重要依据，当立法程序丧失公正的民主和充分的公开，立法的价值取向就会出现偏差，法律因为背弃道德而丧失存在的正当性，沦为权力滥用的工具也就会成为必然。正是由于立法权的来源正当（人民授权）和立法程序的民主（人民参与),洛克、卢梭等古典民主理论家才将立法权力看作是人民意志的产物,从道德的角度论证了法律存在的合理性,进而证明了立法权存在的正当性。道德规范是立法的基本原则,法律只有合乎道德才能获得社会成员的尊重和信仰。

其次,道德是法律良善的评价依据。法律运行的前提是"良法"的存在,而法律是否良善取决于道德的评判,道德是法律的评价尺度,法律的整体运行都不可能脱离道德的指引和评价。道德与法律共同拥有公平、正义的内在价值追求,所以道德也就成了法律规范制定和实施的价值基础。法律并非一套纯粹的技术规范,而是包含了大量的有关正义与非正义、合理与不合理、善良与邪恶的价值判断,并且这种价值判断必须与社会所通行的正义观念相一致。如果法律与通行的道德观念相去甚远或被大多数人认为是非正义的,则这样的法律必定不会得到社会普遍的遵守,同时也必然面临着被废止或修订的命运。表面看似乎是法律制定者的意志决定了法律,实则立法者的意志也必然受到社会价值体系的影响,任何立法活动都是立法者在一定社会价值体系的指引下进行的创制活动,这就决定了立法必然要受到道德的影响,立法必然要建立在一定的道德基础之上,立法本身必然反映一定的价值追求和道德导向。如中国的社会主义核心价值观、欧美的新教伦理、日本的武士道精神、新加坡的社会共同价值观等道德观念构成了各自法律制度的道德基础,并以此为标准衡量法律的良善程度。法律必须符合道德的价值评判标准,不能体现良善的法律只会沦为专制与奴役的工具。

最后,道德是法律改革与发展的内在动力,指导法律的制定、修改和废止。社会整体道德状况的发展必然会制约并影响法律的发展,道德体系内容的不断发展和改变,直接影响着对法律的评判,法律在新的道德体系中吸取新的内容,不断改变自身,逐渐形成新的立法主张。如伦理学家彼彻姆所言:当我们发现法律和政治结构的道德缺陷和道德上的不完善时,我们就修改、订正和推翻法律和政治结构。在重新制定某些法律之前,我们常常指责旧的法律是不公正的,道德上是贫乏的。法律从制定到实施,需要对法律实施所引起的社会后果进行反馈,这一反馈正是社会公众运用自身的价值准则、道德观念对法律实践效果做出好与坏的伦理道德评价。如果法律符合社会公认的价值标准,即具有了“良善”的性质,则会推动法律的进一步施行,反之,如果法律违背社会所期望的伦理道德的内涵,则会通过法定程序予以修改或废除。总之,道德的发展指导着法律的制定、修订及废止,道德指导着法律的发展方向,彰显法律的价值取向。

(三)道德公平是法律追求的价值目标

在道德体系中,公平正义是核心内容和首要价值,在法律的价值体系中,公平正义同样是法律所追求的价值目标。虽然法律所追求的价值目标众多,包括公平正义、自由、秩序、效率等,但唯有实现公平正义才是法律所追求的终极价值目标,无论道德还是法律,都是以“公平正义”作为其价值追求的终极目标。这是因为只有公平正义才能反映社会多数成员的共同利益,只有公平正义才是社会成员内心都自愿接受的一种普遍价值,追求公平正义是人类共同的天性,是人类社会所共同追求的目标。法学家富勒指出:法律必须以最高的道德——正义作为其追求的实体目标,无论是法律的内容和目标,还是它的制定和实施过程,都需要以合乎道德为条件,以公平正义为基础。[①]现行的社会制度包括经济制度、政治制度、文化制度等,无一不体现人类追求公平正义的理想,同样,法律制度也概莫能外,只有充分反映和保护大多数社会成员的利益,充分体现公平正义精神的法律才会得到社会公众的真心认同和普遍遵守;反之,只反映少数人或小团体利益的非正义的法律必然难以得到广大社会成员的认同和支持。如罗尔斯所言:正义是社会制度的首要价值,其原则是确定人们的基本权利与义务以及相互合作的基本条件,正像真理是思想体系的首要价值一样。“一种理论,无论它多么精致和简洁,只要它不真实,就必须加以拒绝或修正;同样,某些法律和制度,不管它们如何有效率和安排有序,只要它们不正义,就必须加以改造或

① 严存生:《西方法律思想史》,北京:法律出版社 2004 年版,第 388 页。

废除。”①

公平正义的实质就是要求全社会在分配权利和义务时应采用公正合理的方式,立法过程本质上就是一个利益表达、利益冲突、利益整合的交涉过程。法律的公平性应体现为社会成员利益分配的公平性和权利享有的公平性,公平包含起点上的平等,即社会成员的地位平等,不容许有政治或经济方面的特权作为竞争的先决条件,如教育资源的获得。公平还包含竞争手段上的正当性与合法性,反对使用不正当的违法手段。利益分配的公平性是一种价值判断,包括初次分配和再分配的公平性两个方面。对初次分配的公平性,应通过立法进行必要的干预和调整,如社会保障立法、财政分配立法。涉及再分配的财政立法必须秉承公平正义的道德标准,确定财政资金的投入比例和方向。总之,法律从创制到实施就是惩罚恶势力、发扬善良品质的过程,惩恶扬善、追求公平正义就是法律不懈追求的价值目标,法律始终以正义和善为价值依托和最终归宿,公平正义是道德与法律共同追求的终极价值目标。

(四)道德自律是法律功能的必要补充

在当代中国,人们十分注重法律运行对道德的促进作用,法律建设的着力点也均侧重于依法治国,有学者认为,法不仅能够调整社会成员的普通社会关系,而且能够担负巨大的政治组织工作和经济组织工作任务,是实现国家职能、完成国家历史任务的最重要的、经常的、不可缺少的手段。法较之道德必然起着主导作用。在存在着阶级斗争,道德价值体系对立,需要国家和法的社会历史阶段,法不能不居于主导地位。依法治国固然重要,但同时还应重视和强调实现“依法治国”的基础,即“依”法的道德性,对法治的注重和对法治的推崇并不能否定道德的意义和德治的作用。对法律的服从实质上来源于对道德的服从,应重点突出“道德”对法律运行的基础作用,强调依法办事中“依”法的道德基础,强调道德的有无、高低对法律本身以及法律

---

① [美]罗尔斯:《正义论》,何怀宏、何包钢、廖申白译,北京:中国社会科学出版社2009年版,第3页。

运行的基础作用。法律的作用虽然重大,但仍存在一定的局限,法律的功能局限需要道德进行弥补。“保障法律实施的强制手段也不是万能的。社会主义法有其固有的局限和短处,需要由道德辅佐或补充。”①

道德与法律的功能具有互补性。从法律与道德的作用机理来看,法律与道德都是规范行为和维护秩序的基本手段,但两者发挥作用的原理明显不同,法律规范调整的是人的外部行为,而道德规范约束的是人的内心世界。法律主要依靠强制力使其约束行为的功能得以发挥,法律的作用是外在的,不能及于内部,法律只能对一定的行为实施规制,而行为通常都具有一定的思想动机和目的性,对于隐藏在行为背后的思想观念,法律往往无能为力。法律调整的只是人的外部行为而不考虑行为的内在动机,是以外部的强制来约束人们的行为,因此,当法律实施时,并不意味着主体的行为动机与法律意志一致,也正是因此,单纯的法律强制难以保证法律运行的持久和稳固。而道德规范则主要通过个人良心和社会舆论,触及行为的内在动机,即内在的价值观。道德是一种自觉的内在自律规范,利用内在的良知约束人们的行为,能够通过社会舆论激发人的自尊心、羞耻心、正义感、荣辱感等来发挥其内在的调整作用,道德可以深入到行为背后的思想认识,通过教化解决人的深层次的观念问题。道德与法律的作用具有互补性,如鸟之双翼、车之双轮,相辅相成,不可分离。作为主导性规范手段,法律规范行为和调整社会关系的作用固然重大,但也无法完全替代道德的内在约束作用,只有内在的普遍认同和自觉遵守才是法律运行最持久的动力。由于道德的自律性,道德作用的效果具有较强的稳定性,这可以弥补法律作用效果的局限性,良善之法能否被严格遵守,离不开社会公众对守法的道德认同,道德是良法得以遵守的内在支撑。因此,只有将道德与法律充分结合,才能共同促进法律的有效运行。

法律所调整的社会关系具有原则性、模糊性和预见性的特征,而社会领域的广泛性和社会关系的纷繁复杂性,都使得法律不能也无法调整全部的

① 张文显:《法理学》(第3版),北京:高等教育出版社2007年版,第384页。

生活领域，因此，法律的调整范围不可避免地具有一定的局限性。同时，受立法程序的限制和规范社会秩序的需要，法律必须是相对稳定的，不能朝令夕改，而社会生活却是瞬息万变、丰富多彩的，这使得法律相对于社会生活又难免存在一定的滞后性。囿于法律在社会生活调控方面的局限性及相对的滞后性，在法律未能触及的领域或法律不能及时调整的领域中，就必然需要道德规范来发挥补充作用，道德的这一重要作用是法律所无法替代的，因此，道德自律是法律功能的必要补充。

（五）道德判断是法律实施的重要手段

第一，道德判断是自由裁量的基础。法律实施包括法律的执行和法律的适用两个方面，无论在执行还是适用阶段都存在着自由裁量的空间，即执法者与司法者在一定程度上享有自由裁量权。所谓自由裁量是指执法者与司法者在法律允许的范围内根据自身的经验知识与道德良知，对案件事实做出评价判断，对相应法律做出选择适用的裁判自由度。在执法和司法活动中，一定程度的自由裁量权的存在是极为必要的，这是由法律本身所具有的局限性所致的。首先，法律的普遍性与特殊性之间存在矛盾。法律规范通常是一般性的普遍适用的条款，具有原则性和抽象性的特点，而在执行和适用时，执法者和司法者面对的却是一个个具体的案件，如行政执法中的处罚幅度、司法中的量刑幅度，这就需要针对个案进行自由裁量，法律本身不能规定统一的标准，也不可能列举穷尽一切可能。其次，法律的稳定性与社会发展的多变性之间存在矛盾。法律作为引导和规范社会成员行为的重要制度，必然要保持相对的稳定性和权威性，不能朝令夕改。然而，社会发展的迅速性和事物的多变性，都会导致法律在面对新事物、新情况时暴露出不可避免的局限性与滞后性。再次，法律的确定性与模糊性之间存在矛盾。法律是以文字的形式加以表现的，受立法者认识水平和技术水平的限制，必然要求执法者和司法者在处理具体案件时，运用自由裁量权对这些局限性予以弥补。[①]自由裁量权存在的必要性，使得执法者与司法者的道德水平对执法与司法结果公正的基础作用更加凸显。执法者、司法者的道德判断是行使自由裁量权的重要基础，其道德水平在这一过程中发挥巨大的作用。

第二，道德判断是法律适用的基础。法律的适用是将一般的、抽象的法律规范运用于特定的、具体的社会关系之中，这就需要司法者对法律规范本身有正确的理解、认识，只有在掌握了规范的立法宗旨和精神实质之后才能进行准确适当的表达和应用。这种表达和应用具体体现为：对证据真伪的审核，对证据充分与否的认定，对举证责任的理解和分配，对事实的逻辑判断和推理等，这些都需要道德的判断。在南京彭宇案中，一审法官的道德判断对案件的裁判结果就产生了至关重要的影响，一审判决书直观反映出主审法官的道德观念："如果被告是做好事，根据社会情理，在原告的家人到达后，其完全可以在言明事实经过并让原告的家人将原告送往医院，然后自行离开，但被告未做此等选择，其行为显然与情理相悖。"[②]法官以一种低于正常社会道德标准的道德观念对案件事实做出推理和判断，其加注于案件之上的道德观不仅直接影响了裁判结果的公正性，而且还极大地损害了社会公众助人为乐的美好道德情感。由此，良好的符合社会主流的道德观念是正确适用法律的重要基础。

第三，道德是衡量价值冲突的基础。由于立法与社会发展的非同步性，在司法过程中，往往出现道德与法律相冲突的情形，此时是否应考虑道德因素的问题备受争议，自然法学派与实证主义法学派就此问题形成了两种不同的观点：形式法治观与实质法治观。形式法治观认为，可以透过法律加以强制的道德需要被严格限制，法律在保障实现道德时是自治、封闭的，法律适用必须严格遵循法律的条文规定，法官不得基于道德的要求进行自由裁量。正如英国法学家哈特主张的：法律不会因其违反道德而丧失其法律的

① 田霞：《法官道德对司法公正的影响及作用》，载《煤炭高等教育》2003年第4期。

② 2006年11月，南京发生彭宇案件，法官在一审判决中严重违背社会主流道德观念的表述令社会震惊，此处不涉及此案最终的事实认定，单纯就推理过程中道德观念的反映，来说明法官的道德素质对司法活动的重要影响。

性质和效力，即使是严重违反道德的法律，也仍然是法律，不过是“恶法”罢了。奥斯丁更是明确地提出了“恶法亦法”的著名论断。可见形式法治观在处理法律与道德关系上坚持法律至上。[①] 形式法治观在自由、平等的形式之下往往会带来事实上的不平等、不自由，它所依据的“实在法”往往带有形式主义的倾向。在某种情况下，有意“违背”实在法，不仅不是对法律的违背，恰恰体现了对法治精神的尊重。如英国的大法官会基于“良心和公平观念”而拒斥根据普通法提出的合法权利，并由此发展出“衡平法”。[②]在英美法系国家，衡平法就是在直接以公平、正义、理性、良心等自然法观念为指导的审判实践中逐渐形成的，也称“良心法”或“道德法”。实质法治观正是针对司法活动中法律与道德发生明显冲突的情形，主张应适当引入道德判断，试图通过肯定道德伦理体系的意义，来弥补形式法治观的缺陷。美国新自然法学派的代表人物富勒认为：如果一项规则不具备或违反了内在道德，则导致一个根本不宜称为法律制度的东西，即不成为法律。建立法治社会，固然需要树立法律至高无上的权威，但与此同时，也不能忽略司法中道德判断的重要性，道德评判不能仅局限于立法阶段，在司法过程中同样需要肯定道德评判的价值和意义。真正的法律应该建立在公众普遍的道德观念之中，如果司法仅仅顺应法律的规定而不顾及道德的评价，则司法的权威性也必然受到负面影响。

但当代中国在全面借鉴西方法制建设经验的过程中，忽略了法律与社会背景，尤其是与道德伦理体系的关联，进而使得中国的法制建设走向了以“立法”为特征的形式法治观，并在法律实践中引发争论。以我国首例第三者诉讼案为例，有部分法律专业人士以捍卫“法律”为名为破坏他人婚姻关系的不道德者呐喊呼吁。2001 年，我国发生了首例第三者状告原配夫人的

---

① 王启富、刘金国：《法律之治与道德之治——形式法治观的局限及其克服》，北京：中国政法大学出版社 2008 年版，第 3—5 页。

② 石春金：《论法治的道德基础》，硕士学位论文，武汉大学，2005 年。

遗赠纠纷案①,此案在当时引发了社会的广泛热议,这是一场关于价值观和道德观的激烈争辩,是一场争夺道德观制高点的思想战争。虽然此案最终以《民法通则》的公序良俗原则,即尊重社会公德原则驳回了不道德者的诉讼请求,但在社会中尤其是法学界引发的争议却十分值得反思。一些法律人士为第三者的财产主张因违背道德不受保护而振臂高呼,并且冠以维护法治的名义,并声称道德不能取代法律。②社会主义的婚姻道德观念不应以利益为基础而应以真挚的情感为根基,一个违背了基本道德规范的行为何以在是否合法的问题上如此纠结?如果连基本道德都不能在法律的层面得以肯定,那么非道德的法律究竟在为谁服务呢?如果对于不符合基本道德的行为,法律都不能理直气壮地加以纠正,那么这绝不是法律的进步而是法律的倒退和耻辱。在如此明显的非道德化的法律情感面前,在法律不足以表现和维护社会的基本道德要求和人类尊严时,还要坚守法律与道德的明确界限,这不是对法律的尊重而是对"恶法亦法"观点的公开维护,是法律脱离道德的最典型的表现。

综上,法律运行离不开道德的内在支持,道德是法律运行的重要基础,道德在规范来源、评价标准、价值目标、功能补充和必要手段方面都与法律存在着无法分割的密切关联。因此,要实现法律的有效运行,必须重视和加强道德建设,充分发挥道德对法律运行的基础作用。

二、法律运行以道德为基础的历史依据

从西方国家、古代中国、新中国成立初期道德对法律运行的基础作用来看,道德的内涵虽然在不同意识形态领域存在明显差异,然而在道德对法律的基础作用方面却存在着共性。道德本身虽然具有意识形态性,但道德对

---

① 与黄永彬具有同居关系的张学英起诉黄永彬的原配夫人蒋伦芳,要求按照黄永彬的遗赠协议获得财产,2001 年 10 月 11 日,四川省泸州市纳溪区人民法院以遗赠行为违反我国《民法通则》中的尊重社会公德原则,判决驳回张学英的诉讼请求。这一判决有力地打击了第三者、包二奶、婚外情等社会不良风气的滋长,体现了法律公平、公正的基本伦理精神。

② 范愉:《法律怎样被信仰?——谈法律与宗教及法律与道德的关系》,载许章润等:《法律信仰:中国语境及其意义》,桂林:广西师范大学出版社 2003 年版,第 140 页。

法律的基础作用却与意识形态的真实性、进步性无涉，无论意识形态是否虚假、落后，只要能使包含特定意识形态的道德为公众接受，并融入和渗透法律，那么就能使特定意识形态的道德发挥促进法律运行的积极作用。

（一）西方国家法律运行的道德基础

通常认为，中国古代社会是伦理社会，西方社会是法律社会。事实上，与中国古代社会一样，西方法律社会也是以与之相一致的伦理精神和价值观念来支撑的。[①]只不过西方的伦理精神和价值观念最初是来源于宗教，后期发展为资本主义精神，西方国家对于法律的遵守主要源自对宗教的信仰和利己性守法道德理论，道德对法律运行的基础作用在西方国家得到了充分的体现。

早在古希腊时期，人们就普遍认同道德对立法的基础性作用。苏格拉底指出，理性是道德生活的基础，是非善恶的标准由道德规定，而法律是实现这种道德标准的工具，因此，法律的要求也就是道德的要求。柏拉图承袭了苏格拉底的观点，将法律与道德视为一体，主张法律是维护正义的手段，正义就是以善待友，以恶对敌。法律的制定者应当使其所制定的法律内容包含整体的道德，道德正义是法律正义的基础。柏拉图的道德正义高于并统驭法律正义的观点，为西方文化的基本价值观念奠定了理论基础。[②]亚里士多德从伦理学的角度也主张德法不可分，并把法律与道德中的正义联系在一起，他在《政治学》一书中指出，法律的实际意义应该是促进全邦实现正义和善德，并最早提出法治观念。在治国模式方面，尽管柏拉图与亚里士多德产生了人治与法治的根本分歧，但是二人对道德教育在治理国家中的作用问题上却存在着高度的一致。他们都十分重视人的道德品质，柏拉图认为，作为统治者只有基于正义的智慧才会有利于国家。亚里士多德的观点与此相同，认为无论是君主制还是轮番统治都是以“德”为保障的，君主应有

---

① 陈秀萍：《变革时期法律与道德的冲突问题研究兼论法律的伦理性》，北京：中国方正出版社2008年版，第49页。

② 陈晓雷、高晚欣：《当代中国道德对法律的保障性研究》，载《东北大学学报（社会科学版）》2012年第6期。

君主之“德”，公民应有公民之“德”，只有整体的善跟随个人的善才能实现政治正义。

古罗马哲学家西塞罗认为自然是正义的基础，真正的法律是和自然一致的，它是普遍适用的、不变的和永恒的。西塞罗的自然法学说暗示了道德正义、自然与法律的和谐统一。[①]古罗马查士丁尼的《学说汇纂》也指出：“法律者，为善良、公平之术。”古罗马著名法学家乌尔比安称：“现今所谓法律即取义于正义。事实上，它就是真善与公正的艺术。”[②]主张法律是达到一定道德目的的手段，不道德的法律就不配被称为法律。

资产阶级革命后，17、18 世纪古典自然法学兴起，所谓的“自然法”即指人类普遍的道德原则，包括公平、正义、平等、自由、诚实、信用等。自然法学派主张法律是自然规律的当然逻辑结论，是自然界中某种观念的延伸，主张自然法代表人类的理性和本性，这一理论中所内含的公平正义的思想备受推崇，它与“天赋人权论”、“社会契约论”、“权力制衡论”等学说互相结合，成了西方守法理论的重要依据。其代表性著作有英国霍布斯的《利维坦》、洛克的《政府论》，法国孟德斯鸠的《论法的精神》、卢梭的《社会契约论》等。古典自然法学说在肯定人的理性和自然权利的基础上实现了道德与法律的充分融合，具有巨大的历史进步作用。

在守法的道德依据方面，英国的边沁和穆勒的功利主义观点也颇具有代表性，他们认为，道德判断的标准即人的苦乐感觉，快乐是唯一的善，痛苦是唯一的恶，主张趋乐避苦。由于法律能够维持良好的社会秩序，遵守法律能够满足个人的最大利益，带来幸福，所以功利主义就成为守法的主要道德依据。穆勒认为：假如有美德，他不觉快乐，没有美德，他不觉痛苦，他就不爱好或欲求美德了；就是欲求美德，也不过因为美德可以给他自己或他关切的人其他利益。[③]当然，穆勒的观点是建立在功利主义的基础之上，他提出的

① 陈晓雷、高晚欣：《当代中国道德对法律的保障性研究》，载《东北大学学报（社会科学版）》2012 年第 6 期。

② 江平、米健：《罗马法基础》，北京：中国政法大学出版社 1987 年版，第 45 页。

③ ［英］穆勒：《功用主义》，唐钺译，北京：商务印书馆 1936 年版，第 38 页。

美德是以满足个人利益而非满足他人利益为基础的，但在道德促进守法的原理方面仍有相似之处。功利主义是从满足于个人的利益中得到守法依据，而集体主义是从满足于他人的利益中得到守法依据，虽然对道德内涵的理解不同，但都强调道德对守法的促进作用。道德实践者只有从道德行为中获得足够的外在利益或内在的情感满足，才能使符合道德的法律行为得以持续发展和不断稳固。另外，资本主义的个人主义道德观念也为资本主义的守法理论提供了重要依据。资本主义道德以个人主义为核心，充分体现对个人利益的追求与保护，而这种思想在资本主义法律中也获得了充分的体现，人们认同个人主义的道德观念也就能够自愿遵守充分反映这种道德观念的资本主义法律。

到垄断资本主义时期（19 世纪末期），社会法学派代表人物耶林提出德法相合，认为法律是由人类有意识地创立以达到一定的目的，这种目的就是利益，社会需要采取利己主义（指奖励和强制）和利他主义（指责任感和爱）两种动力。耶林的社会动力论将道德与法律有机地结合在一起。美国的庞德在《法律与道德》一书中阐述的德法相合观与耶林一样都是建立在利益的基础之上，但耶林更强调德法的并立联合，而庞德更偏重于以法律为主导的协调一致，主张法律、道德、宗教是实现社会控制的三种主要手段，它们分别在不同时期起主导作用。

总之，西方国家历来重视道德对法律运行的基础作用，主张道德是立法的基础，道德蕴含于法律制度之中，功利主义、个人主义是守法的重要道德依据，尤其是柏拉图道德正义高于法律正义的观点，为西方法律的基本价值观念奠定了理论基础。当然，作为价值观念并蕴含于法律之中的西方“道德”是以“社会正义”为前提的，而所谓的“社会正义”或指奴隶主阶级利益，或指封建君主利益，或指资产阶级利益，这种冠冕堂皇的“社会正义”都只局限于少数小集团内部，掩盖了真正的剥削与不平等，本质上只能是一种虚伪的正义，具有明显的时代局限性。而且，西方道德观过分强调个人本位，个人主义是其守法道德理论的主要依据，但是，西方国家道德观本身的局限性并不影响当代中国对德法融合、以德促法观点的积极借鉴。

(二)古代中国法律运行的道德基础

在对传统道德与现代道德的比较研究中,学者们多致力于对传统道德的局限性展开剖析,对封建等级特权的不平等思想和义务型人格进行批驳,对现代道德的平等意识与权利型人格大力弘扬。这种研究固然意义重大,但是不免淡化了另一个值得思索的重要问题,那就是在古代中国道德对法律发挥了重要的基础作用,这一点对当代中国极具启示意义。古代中国与西方不同,不存在法律与道德是否分离的争论,一致主张法律必须以道德为基础。古代中国的"礼"是一种非常有效的规范手段,长达上千年的统治足以说明伦理道德对社会秩序发挥着重要的规范作用。古代的中国社会法治并不发达,何以封建统治竟然可以长达上千年,虽然历经朝代的更迭,但社会的性质并未改变,究其原因,关键在于道德教化,如果就思想统治人民而言,两千多年的封建历史其实是一个充分体现道德基础作用的成功范例。当然,古代中国的道德与法律的治国思想无疑充满了人治的色彩,但是在剔除人治思想的同时却不能将以道德教化作为法律运行基础的优秀的德治思想一同剔除。过分强调人治忽视法治固然是古代中国的历史局限,但过分强调法治而忽略德治或将德治等同于人治的观点也实不足取,我们虽不赞同封建等级特权的不平等思想,但却可以借鉴其治理国家的德治手段。古代中国把"礼"的教化视为积极的规范,是预防违法犯罪的根本;把刑的约束视为消极的惩罚,是对违法犯罪的制裁。古代中国历朝历代都运用道德教化的手段从精神上约束社会成员,如果道德不兴,人心浮动,法律的社会根基就不牢固。"德治"是中国封建社会历代统治者都推行的治国方略,统治者将三纲五常的封建宗法等级道德融入立法,并作为司法的重要指导,以德治为主的治国方略对中国封建社会两千多年的统治起到了关键的作用。

在古代中国的德法关系中,德法融合、德主刑辅的思想始终占据主流。儒家思想是中国传统文化的主流意识形态,儒家思想认为,治国要以道德为本,要施"仁政",统治者必须以身作则,做道德表率,才能以德服人。西周时期,统治者提出"以德配天"的君权神授思想和"明德慎罚"的主张,并制定了一整套维护宗法等级制度的典章制度、礼节仪式，并按此治理国家，即“德治”，就是以教化手段引导人们追求道德，提倡和推崇以道德安身处世。以儒家思想为核心的德治思想是以人的道德素质尤其是统治阶级整体的道德素质为基础的，德治十分重视人的自身修养，主张为政以德。

春秋战国时期，儒家主要继承和发展了西周以来的“德治”和“明德慎罚”的观点，提出了一整套德主刑辅、德法合治的思想。儒家学派的创始人孔子主张“礼乐不兴，则刑罚不中；刑罚不中，则民无所措手足”。“不能正其身，如正人何”，“其身正，不令而行；其身不正，虽令不从”。[①] 孔子认为执政者身正，法令便可通行无阻，反之，其身不正，法令就无法贯彻执行。可见，其十分重视执政者本身的道德素质，要求执政者必须严格遵守恭、敬、惠、义等道德标准，将道德作为法律运行的重要基础。同时为使一般社会成员能够做到“克己、守法、自律”，从根本上消除违法犯罪，孔子还主张应对百姓“道之以政，齐之以刑，民免而无耻；道之以德，齐之以礼，有耻且格”[②]，意指单靠政令刑法，虽在禁止民众违法犯罪方面能发挥一定的作用，但却不能使其产生羞耻之心，即不能使其以犯罪为羞耻，如此则难免日后再犯罪；而如果以道德教育民众，则会使其产生羞耻之心，自觉地不犯罪。在论证道德对法律的基础作用时，孟子也认为“无礼义，则上下乱”，并提出了“徒善不足以为政，徒法不足以自行”[③]的著名论断。孟子认为，治理天下必须选贤任能，重视执法者的个人道德品质，法律才能得到严格执行。应当明道善策，即国家的行政决策必须要符合道德的基本要求，不能违背道德规范。当然抛开孔孟二人的“人治思想”，其主张中的德治思想对于当代中国还是非常具有借鉴意义的。与二人的观点相同，荀子也主张无论是法律的制定还是法律的实施都离不开人的德行。法律的制定是由人来完成的，法律的内容、性质以及良恶都是由人来决定的，即使制定出良法其也不能自行适用，

① 《论语·子路》
② 《论语·为政》
③ 《孟子·离娄上》

而需要依靠公正廉洁的官吏严格执行，才能保证法律的贯彻实施。

至秦代，取代德治，法治思想受到统治者的赏识，“不法先王，不是礼义”、“禁奸止过，莫若重刑”等偏激的法治观念大大贬低了道德教化的作用，也正是因此，秦王朝在严刑峻法、贱德尚刑的思想影响下最终走向灭亡。至西汉时期，统治者采纳“罢黜百家，独尊儒术”的建议，儒家思想成为官方思想，儒家的礼教与法律正式融合，德主刑辅的思想使法律成为以礼、德为主要内容的儒家经义的附属，突出了德法合治中德治的主导地位。至唐代，《唐律疏议》一准乎礼，完全贯彻了儒家的道德精神，使礼的基本规范取得了法律的形式，《唐律疏议》中关于“十恶”、“八议”的规定本身就是对宗法制和等级制等封建道德的直接维护，道德对法律运行的基础作用发挥到了极致。宋代以后，继续沿袭德主刑辅思想，并进一步加强了道德伦理对人们的精神约束，诸如封建社会的“三纲五常”、“家族本位”等思想观念既是法律条文又是道德规范，并早已深入人心。①

总之，古代中国十分重视道德在法律运行中的基础作用，以道德为手段维持社会秩序达上千年，这足以说明道德对立法和法律实施的促进作用。在宗法社会里，道德的约束力远高于法律，伦理道德的作用被充分强调，德治是治国之本，主张以德礼教化来定纷止争。“中国古代法治失去了自身应有的法律评价，而依附于道德标准，法律的要求完全服从于道德的要求。道德所鼓励和提倡的，也即为法律所保护的，道德所否定和批判的，就是法律所严格禁止的，道德义务充斥了中国古代法典，伦理价值左右着法律评价，道德标准指导着法律的取向。”② 古代中国的价值体系倾向于内在道德，主张以德服人，为政以德，反对以力服人，不教而杀；并且十分重视人的道德因素，将立法、法律适用及守法的根本都归咎于立法者、执法者、司法者和守法者的内在善恶，并强调执法者、司法者以身作则的表率作用，由上而下及于社会每个成员。

---

① 李建华等：《法律伦理学》，长沙：湖南人民出版社2006年版，第26—29页。
② 怀效锋：《德治与法治研究》，北京：中国政法大学出版社2008年版，第132页。

当然，古代中国的宗法制社会结构决定了三纲五常的道德观念和君臣、父子、夫妇的社会伦常关系，法律也把维护三纲五常作为法治的根本目的，把臣对君、子对父、妇对夫的反抗和不服从看作最大的罪恶。从这一点来说，古代中国的道德是以维护君主利益为核心，突出强调家族本位，主张社会成员对家族、国家的绝对服从。古代中国的道德不尊重人的平等权利，崇尚人治，权力至上，具有明显的时代局限性，但如前所述，道德本身的局限性并不影响道德是法律运行基础的主张，古代中国将社会主流道德观充分融入法律并指导其运行的做法对当代中国仍然具有相当积极的借鉴意义。

（三）新中国成立初期法律运行的道德基础

新中国成立初期是指自1949年新中国成立至1966年“文化大革命”之前的十七年，在这段时期里，中国的法律处于除旧立新的阶段，法制并不健全，执法者、司法者多为转业军人或政府干部，专业法律知识较为有限，但是社会对法律的遵守情况在总体上依然是良好、有序的。这是因为在新中国成立初期，我党充分重视并落实思想政治教育工作，使得广大人民群众和党员干部具有高度统一的思想基础——社会主义道德观念，集体主义、为人民服务的思想深入人心。每一次革命的胜利都引起道德和精神的高涨。中国革命的巨大胜利，结束了中华民族近百年的屈辱和苦难，极大地激发了中国人民的民族自信心和民族自豪感。广大人民群众精神振奋，拥护中国共产党，向往社会主义；团结友爱、互帮互助，一方有难、八方支援等成为人们普遍的行为准则；遵守公共秩序和道德规范，成为人们的自觉行为；剥削可耻、劳动光荣，为人民服务光荣、损人利己可耻，成为社会新的风尚。这种空前良好的社会风气，是人民群众良好的精神状况的重要体现。①

自新中国成立到1956年底，是社会秩序稳定、守法状况良好的黄金时期，当然这与那一时期全国强有力的思想政治教育密不可分。

首先，在党员干部的守法思想方面，党中央就给予了高度的重视。新中

① 范小方、童学：《中国共产党与新中国初期社会风尚的演变》，载《中共党史研究》2008年第3期。

国成立之初，针对我党内部出现的以功臣自居、骄傲自满等不良思想倾向和官僚主义等不良工作作风，以及针对党的队伍中存在思想不纯、个人主义等问题，党中央自1950年起就展开了大规模的整风运动，重点整顿负领导责任的党员干部。经过半年多的整风运动，揭发、惩治了贪污腐化、铺张浪费和违法乱纪等恶劣现象，提高了广大干部的思想觉悟，加强了党的纪律，纯洁了党的组织。同时，随着党内腐化堕落现象的出现以及部分不法分子的行贿、偷税漏税、盗骗国家资财、偷工减料和盗窃国家经济情报的"五毒"活动的曝光，党中央于1951年12月和1952年1月又开展了坚决反对贪污腐败和违法犯罪的"三反"和"五反"运动，着重打击大贪污犯，教育改造中小贪污犯，意在防止和克服资产阶级腐朽思想的侵蚀，统一社会主义思想、净化道德观念。由于在贪污腐败大案中对我党高级干部刘青山、张子善依法予以了严惩，产生了极大的震慑作用，及时教育和挽救了一大批党的干部，有效地遏制了中国共产党在执政初期所出现的贪污腐败现象，促进了党风和社会风气的全面好转。彭真同志曾指出：干部党员必须以身作则，成为守法模范。在社会主义道德观念的指导下，绝大多数党员干部都能做到以身作则，廉洁奉公，能够自觉遵守1952年制定的《惩治贪污条例》，行政和司法人员都能本着为人民服务的思想严格执法、秉公办案、不徇私情、不搞贪污腐败。同样，道德的力量也对社会公众的行为起到了重要的引导和规范作用，由于广大人民群众从思想上衷心拥护党的领导，从而能够自觉地做到服从政策、遵守法律。

其次，针对新中国成立初期在青少年中存在的一些道德品质败坏的现象，1954年10月到1955年9月，团中央在全国135个大中城市开展了轰轰烈烈的"培养青年共产主义道德，抵制资产阶级思想侵蚀"的思想教育活动，不仅深刻分析了当时青少年道德败坏的社会历史根源，还提出了加强青少年道德教育的一系列具体措施。如1952年根据教育部的决定在高等学校建立政治辅导处，配备政治辅导员，同时还开设思想政治理论课等。广泛的社会教育和学校教育，使得广大青少年的思想道德水平有了明显提高，有力地抵制了不良道德风尚的侵蚀，从而使社会治安秩序得到进一步的改善。[①]

最后，从思想上加强农民对社会主义改造的守法意识。1953 年初，在新中国农业社会主义改造的过程中，党中央再次发挥思想政治教育这一有力武器，在《关于发展农业生产合作社的决议》中明确指出：要教育社员把个人利益和集体利益及国家利益结合起来；教育社员成为遵守国家法令和响应国家各种号召的模范。毛泽东同志多次强调，在合作化运动中，稍微放松对于农民的思想政治工作，资本主义倾向就会泛滥起来。不能粗暴地挫伤农民个体的积极性，而应该逐步引导他们走集体化的道路，并提出"政治工作是一切经济工作的生命线"的著名论断。思想政治教育工作的有力开展，统一了农民的思想，使得我国在没有引发大的社会震荡的情况下，成功地将个体小农经济改造成为社会主义集体经济，取得了农业社会主义改造的伟大胜利。事实表明，新中国成立头七年是党和国家历史上最好的时期之一。

而在 1956 年到 1966 年这十年期间，我国的思想政治教育也同样发挥了维护社会秩序、规范人们行为的重要基础作用，通过榜样教育（20 世纪 60 年代的雷锋、焦裕禄、王进喜）、理论学习、优秀的文艺作品等方式强化并提高了社会公众的道德水平，这些社会先进人物的事迹和优秀文艺作品极大地鼓舞和激励了一代人的思想道德品质，在塑造一代人的崇高灵魂中发挥了巨大的作用。

总之，在新中国成立初期的十七年里，中国的社会秩序整体上处于良好、稳定的状态，违法犯罪率极低。在这一时期，舍己为人、大公无私、忘我奉献等社会主义道德观念深入人心，广大人民群众始终以集体主义为原则，将集体利益置于首要位置，能够真正做到牺牲个人利益而服从集体利益。新中国成立初期，道德与政治紧密结合，爱国主义、集体主义、社会主义等政治观念本身也是道德观念，高度统一的社会主义道德观念对社会秩序的规范，对社会公众的守法意识的加强发挥了重要的促进和保障作用，这一点对

① 张耀灿：《中国共产党思想政治教育史论》，北京：高等教育出版社 2006 年版，第 213—214 页。

当代中国以德促法也具有积极的借鉴意义。①

三、法律运行以道德为基础的当代依据

（一）当代中国“德法合治”理念的提出

道德与法律都是规范行为的重要手段，两者缺一不可，关系紧密，德治是法治的基础，法治本身就应该包含德治的精神，不能将德治与法治看作势不两立，也不能将两者简单地并举。在社会主义现代化建设的过程中，必须在加强社会主义法治建设的同时，切实加强社会主义道德建设，把法治建设与道德建设、依法治国与以德治国紧密结合起来。早在1979年邓小平同志就指出：“我们要在大幅度提高社会生产力的同时，改革和完善社会主义的经济制度和政治制度，发展高度的社会主义民主和完备的社会主义法制。我们要在建设高度物质文明的同时，提高全民族的科学文化水平，发展高尚的丰富多彩的文化生活，建设高度的社会主义精神文明。”②由于国家充分认识到人治的弊端和危害，所以适时提出社会主义法治理念，1997年9月党的十五大报告明确阐述了依法治国的思想，“依法治国，就是广大人民群众在党的领导下，依照宪法和法律规定，通过各种途径和形式管理国家事务，管理经济文化事业，管理社会事务，保证国家各项工作都依法进行，逐步实现社会主义民主的制度化、法律化，使这种制度和法律不因领导人的改变而改变，不因领导人看法和注意力的改变而改变”③。“法制建设同精神文明建设必须紧密结合，同步推进。”④取代人治而推行社会主义法治，是社会主义法治理念的重大进步。

---

① 宋希仁：《道德观通论》，北京：高等教育出版社2000年版，第68—70页。

② 《邓小平文选》第2卷，北京：人民出版社1994年版，第208页。

③ 江泽民：《高举邓小平理论伟大旗帜把建设有中国特色社会主义事业全面推向二十一世纪——在中国共产党第十五次全国代表大会上的报告》（1997年9月12日），北京：人民出版社1997年版，第34页。

④ 江泽民：《高举邓小平理论伟大旗帜把建设有中国特色社会主义事业全面推向二十一世纪——在中国共产党第十五次全国代表大会上的报告》（1997年9月12日），北京：人民出版社1997年版，第37页。

2000年6月，江泽民同志在中央思想政治工作会议上指出：法律与道德作为上层建筑的组成部分，都是维护社会秩序、规范人们思想和行为的重要手段，它们互相联系、互相补充。法制以其权威性和强制手段规范社会成员的行为，德治以其说服力和劝导力提高社会成员的思想认识和道德觉悟，道德规范与法律规范应该相互结合，统一发挥作用。2001年1月，在全国宣传部长会议上，江泽民同志进一步提出了依法治国与以德治国相结合的主张，他指出："我们在建设有中国特色社会主义，发展社会主义市场经济的过程中，要坚持不懈地加强社会主义法制建设，依法治国，同时也要坚持不懈地加强社会主义道德建设，以德治国。对一个国家的治理来说，法治和德治，从来都是相辅相成、相互促进的。二者缺一不可，也不可偏废……我们要把法制建设与道德建设紧密结合起来，把依法治国与以德治国紧密结合起来。"① 2001年7月，江泽民同志在庆祝建党八十周年的大会上再次强调："加强社会主义思想道德建设，是发展先进文化的重要内容和中心环节。必须认识到，如果只讲物质利益，只讲金钱，不讲理想，不讲道德，人们就会失去共同的奋斗目标，失去行为的正确规范。要把依法治国同以德治国结合起来，为社会保持良好的秩序和风尚营造高尚的思想道德基础。"② 2001年9月20日，中共中央印发《公民道德建设实施纲要》，明确提出"爱国守法、明礼诚信、团结友善、勤俭自强、敬业奉献"的基本道德规范。2002年11月8日，江泽民同志在党的十六大报告中明确提出："依法治国和以德治国相辅相成。要建立与社会主义市场经济相适应、与社会主义法律规范相协调、与中华民族传统美德相承接的社会主义思想道德体系。"③ 党的十六次全国代表大会通过了关于修改党章的报告，将依法治国和以德治国相结合的重要思想写入党章。

2003年，在《公民道德建设实施纲要》印发两周年之际，我国将每年的9

---

① 江泽民：《论"三个代表"》，北京：中央文献出版社2001年版，第134—135页。

② 江泽民：《论"三个代表"》，北京：中央文献出版社2001年版，第159页。

③ 江泽民：《全面建设小康社会开创中国特色社会主义事业新局面——在中国共产党第十六次全国代表大会上的报告》，北京：人民出版社2002年版，第39页。

月20日确定为“公民道德宣传日”。2004年2月,中共中央、国务院又下发了《关于进一步加强和改进未成年人思想道德建设的若干意见》。2006年3月4日,胡锦涛同志发表了关于树立社会主义荣辱观的重要讲话。2006年10月,党的十六届六中全会首次提出要大力建设社会主义核心价值体系,“在当前经济体制深刻变革、社会结构深刻变动、利益格局深刻调整、思想观念深刻变化的背景下,提出建设社会主义核心价值体系,具有极强的现实针对性。”①国之制度典礼,实皆为道德而政。核心价值体系规定着政策、法规的性质和方向,具体政策、法规又直接影响着人们对核心价值体系的认同。2007年7月,在党中央颁布《公民道德建设实施纲要》6周年暨第5个“公民道德宣传日”到来前夕,中央文明办、全国总工会、共青团中央、全国妇联共同发起评选表彰全国道德模范活动。首批53位“全国道德模范”在北京人民大会堂受到隆重表彰,这些普普通通的公民以实际行动践行着社会主义荣辱观,在“助人为乐”、“见义勇为”、“诚实守信”、“敬业奉献”、“孝老爱亲”五个方面感动着世人,感动了中国。2007年10月,党的十七大报告又增加了个人品德建设的要求,道德建设由“三德建设”变为“四德建设”。“四德建设”分别从社会层面、组织层面、家庭层面和个体层面提出了相应的道德建设要求,丰富了社会主义道德建设的内涵。2012年11月8日,党的十八大报告再次指出:“全面推进依法治国。法治是治国理政的基本方式。要推进科学立法、严格执法、公正司法、全民守法,坚持法律面前人人平等,保证有法必依、执法必严、违法必究。”②同时指出,要加强社会主义核心价值体系建设。倡导富强、民主、文明、和谐,倡导自由、平等、公正、法治,倡导爱国、敬业、诚信、友善,积极培育和践行社会主义核心价值观。“全面提高公民道德素质。这是社会主义道德建设的基本任务。要坚持依法治国和以

① 中共中央宣传部理论局:《理论热点面对面2009》,北京:学习出版社、人民出版社2009年版,第119页。

② 胡锦涛:《坚定不移沿着中国特色社会主义道路前进　为全面建成小康社会而奋斗——在中国共产党第十八次全国代表大会上的报告》(2012年11月8日),北京:人民出版社2012年版,第27页。

德治国相结合，加强社会公德、职业道德、家庭美德、个人品德教育，弘扬中华传统美德，弘扬时代新风。”①

总之，在当代中国，法律并不是调整社会关系的唯一手段，依法办事不能排斥道德的基础作用。法治作为一种他律手段，侧重于规范社会成员的行为，而德治作为一种自律手段，侧重于对人们内心和主观方面的调整和约束。社会主义市场经济不仅是法治经济同时也是德治经济，德治是法治的基础。社会主义德治观要求在继承和弘扬中国古代德治思想的基础上，以为人民服务为核心，以集体主义为原则，重视道德教育的作用，充分发挥道德对法律的基础作用。

（二）“主导性道德”与“当代中国法律”的融合

当代中国意指从1978年改革开放至今的社会主义市场经济建立和发展的时期。在新中国成立初期，我国实行纯粹的生产资料社会主义公有制，分配方式上也采取纯粹的按劳分配，经济体制上采取计划模式；而改革开放后，我国创造性地将社会主义与市场经济相结合，将社会主义生产资料公有制与个人经济、私营经济相结合，将社会主义按劳分配与按生产要素分配相结合，将计划与市场相结合，逐步形成了中国特色的社会主义市场经济。在市场经济体制下，社会经济成分和经济利益多样化、社会组织形式多样化、社会生活方式多样化、就业岗位和就业方式多样化，社会整体呈现多样化的发展态势。

与此相适应，当代中国的道德体系也发生了重大变化，形成了与市场经济相对应的以社会主义道德为主导的多元化道德并存的状态。经济是道德的基础，当经济地位和利益发生变化时，从前的道德观就会发生相应的转变，计划经济体制下的道德体现为高度统一的一元化道德，而市场经济体制下社会的多样化必然使人们的价值取向、道德观念也呈现多样化的特征，一

① 胡锦涛：《坚定不移沿着中国特色社会主义道路前进 为全面建成小康社会而奋斗——在中国共产党第十八次全国代表大会上的报告》（2012年11月8日），北京：人民出版社2012年版，第32页。

元化道德转变为多样化道德。同时，当代中国的主导性道德内容也发生了变化，“主导性道德”包括价值观、公平观、荣辱观等。当代中国主导性道德的价值观在继续坚持集体主义价值观念的同时，特别突出强调马克思主义利益观，主张应正视人性的自然需要，打破僵化的平均主义，大力弘扬主体平等、自由竞争和权利意识，鼓励和尊重对个人正当利益的追求。简言之，主导性道德一改以往单纯强调集体主义和义务型人格，而大力倡导诚实守信、合作共赢、平等竞争的社会主义市场经济道德。当代中国主导性道德的公平观在继续坚持按劳分配的同时，还增加了按生产要素分配的方式，主张按劳分配与按生产要素分配相结合，同时还鼓励和提倡公平竞争，包括起点的公平、机会的均等与过程的公正。当代中国主导性道德的荣辱观以八荣八耻为核心内容，强调以服务人民、辛勤劳动、诚实守信为荣，以背离人民、好逸恶劳、见利忘义为耻。马克思主义仍然是主导性道德的理论基础，社会主义核心价值体系是其最主要的内容。

随着当代中国道德体系的重大变化，当代中国法律对主导性道德中的新内容进行了充分吸收，法律在内容和功能方面也发生了转变。首先，当代中国法律在基本内容方面仍反映社会主义道德的基本要求，如《宪法》第 24 条第 2 款就直接确认了社会主义道德的基本内容：“国家提倡爱祖国、爱人民、爱劳动、爱科学、爱社会主义的公德，在人民中进行爱国主义、集体主义和国际主义、共产主义的教育，进行辩证唯物主义和历史唯物主义的教育，反对资本主义的、封建主义的和其他的腐朽思想。”其次，当代中国法律更加突出对主体平等、自由和权利的保护，法律从义务本位转向权利本位，包含平等、自由、权利意识的法律法规不断出台，如《物权法》、《合同法》、《侵权责任法》等对公民的基本财产权利给予了明确的保护；《反垄断法》、《反不正当竞争法》、《消费者权益保护法》、《产品质量法》等对公民在市场竞争中的平等和自由也给予了充分的肯定；《未成年人保护法》、《老年人权益保障法》、《妇女权益保障法》、《残疾人权益保障法》、《婚姻法》等也充分体现了保护妇女、儿童，忠实家庭婚姻义务，赡养孝敬老人的道德要求。主体平等、尊重权利、保障自由成为当代中国法律进步的主要标志。最后，当代中国法律的功能从单一的阶级斗争的政治功能向经济功能转变,同时还将诚实信用、尊重社会公德和善良风俗作为法律的基本原则。短短几十年,调整经济活动、服务经济发展的法律法规迅速增加,如《信托法》、《公司法》、《破产法》、《证券法》、《票据法》、《海商法》、《金融法》等,对我国经济发展起到了积极的调整和规范作用。

当代中国除了在立法中强化主导性道德因素之外,在执法、司法和守法过程中也大力倡导加强人的道德建设,主要体现为执法者道德、司法者道德和守法者道德建设。为了提高执法者、司法者和社会公众的道德素质,我国制定并出台了一系列职业道德规范,如《公务员法》、《法官法》、《检察官法》、《法官职业道德基本准则》、《检察官职业道德基本准则》、《公民道德建设实施纲要》等,明确提出公权力主体的职业道德要求和普通公众的道德要求。同时通过树立道德模范典型,如人民的好卫士任长霞①、人民的好法官陈燕萍②、全国模范检察官吴群③等,以榜样的力量来实现执法严明、司法公正和守法自觉。当代中国将"主导性道德"直接纳入立法之中,并在执法、司法和守法过程中大力提倡公务员道德建设,法官、检察官道德建设以及公民道德建设,为法律运行奠定了坚实的道德基础,对依法治国的实现具有重要意义。

---

① 任长霞,系河南省登封市公安局党委书记、局长,她恪尽职守、不畏强权、秉公执法,将一生都献给了公安事业,被誉为"人民的好卫士"。

② 陈燕萍,系江苏省泰州靖江市人民法院副院长,她长期扎根基层,心系百姓,公正司法,清正廉洁,甘于奉献,得到了社会各界的广泛赞誉。

③ 吴群,系安徽省蚌埠市人民检察院检察官,从事检察工作12年,他坚持司法正义,服务人民,无私奉献,被授予"全国政法系统优秀党员干警"、"全国模范检察官"称号。

第三章　法律运行中的道德缺失

在建设法治国家的进程中,我国充分认识到道德建设的重要性并适时提出了依法治国与以德治国相结合的治国理念。近些年,我国在执法、司法道德建设方面也确实取得了一定的成果,如制定了一系列法律职业道德规范,树立了一大批优秀的模范人物典型,加强了社会公众自觉守法的宣传力度,但就总体而言,我国的法治建设仍然表现出一种以大规模立法为特征的发展模式,与立法相比,法律运行中的道德建设仍然相对滞后,实践中由于道德缺失导致违法犯罪的现象依然存在。在立法过程中由于对道德精神弘扬不足,致使法律的效率价值与公平价值发生冲突;在执法和司法过程中少数权力者道德观念严重缺失,利用手中的权力执法犯法、以权谋私;在守法过程中部分经营者为追逐利润而不择手段、泯灭良知。法律运行中的道德缺失问题关系到法治国家的建设和人民的安定生活,理应得到社会的广泛关注。

当代中国道德缺失对法律运行造成的消极影响具体表现在:其一,立法道德的缺失导致立法内容的道德公平性弘扬不足,立法程序的民主化和公开化程度不足,以及部分地区仍然存在"部门立法利益化"现象;其二,执法道德的缺失导致执法不严与执法腐败;其三,司法道德的缺失引发司法不公与司法腐败;其四,守法道德的缺失引发制售有害食品、侵犯劳动者权益、不正当竞争以及破坏他人婚姻家庭等诸多违法犯罪现象。

一、立法道德的缺失

(一)立法内容的道德公平性弘扬不足

从总体来看,我国的立法速度快、规模广、水平高、成绩显著,也确实对社会经济发展发挥了重要的调整作用,然而立法除了实现效率这一目标之外,还必须以良善为基础,以公平正义为终极价值目标,反观现行的法律制度,其在弘扬"公平正义"的道德精神方面还存在不足。

第一,"法律的生存秩序"遮蔽"道德的意义秩序"。社会秩序表现为道德的意义秩序和法律的生存秩序两个维度。在物质意义上,人有活着的需要,有利益分配的需要,而法律可以满足利益分配的需要,建构起以利益分配为核心的"生存秩序"。与此同时,人还是社会的产物,存在精神层面的价值需要,如何活着才有意义的问题不是法律本身能够阐释的,此时,人的精神的有序化就表现为一种道德上的"意义秩序"。西方近代的社会秩序建构,在生存秩序角度,充分发挥了法律的功能,而在意义秩序角度,基督教、自然法思想、宽容主义、多元主义等发挥了远大于法律的作用。在尼采所谓的"上帝死了"之后,在韦伯提出的"祛魅"之后,法律重新被伯尔曼赋予承担满足人的精神性诉求的功能,以挽救西方祛魅后出现的整体性精神危机。庞德也明确指出:如果法律在今天是社会控制的主要手段,那么它就需要宗教、道德和教育的支持。在古代中国,长期指导社会实践的是儒家思想的礼制,礼是用一种非强制性的手段维持社会秩序的组织形式,礼制秩序下的法律并不负载建构社会秩序的主要任务,这说明社会秩序不等同于法律秩序。[①]除法律之外,道德、宗教、礼仪、习惯等也都可以成为控制社会的手段,尤其技术理性意义上的法律对行为主体心理的预防性作用更为有限。

反观当代中国的社会转型,虽然在很大程度上借鉴了西方的社会秩序建构的模式,西方"通过法律建构社会秩序"的观点使法律在社会秩序建构

① 赵树坤:《社会冲突与法律控制:当代中国社会转型期的法律秩序检讨》,北京:法律出版社2008年版,第123页。

方面取得了主导性的地位,但问题是,在从礼制秩序到法律秩序的过程中,我们剔除了促使精神生活有序化的“礼”,却没能有效提升作为现实规范体系的法律地位;我们部分学来了作为技术理性的西方法律利益分配机制,却无法一并学来作为支撑法律的深层西方宗教性道德。[①] 中国的社会转型首先面临的是“生存秩序”的建构,并且生存秩序在一定程度上遮蔽了“意义秩序”。[②]不可否认,法律具有很强的工具理性,尤其对于调整利益关系、实现利益最大化具有明显的工具意义,然而现实中的人不仅仅是一种追求物质利益、精于功利计算的经济动物,还是一种追求精神满足、有价值信仰的情感动物。如果法律的工具理性大大超越了法律的价值理性,如果法律只是纯粹的技术性规则,而无法契合人们的精神需求,那么法律必然不能得到有效的执行和多数人的遵守。

在当代中国,“依法治国”理念的提出一度压倒了道德的声音,“法治”被提升到了一种近乎崇高的程度,而后期“以德治国”的及时提出尽管在一定程度上抑制了意识形态上的偏激,但却激起了法学界部分人士对道德规范更为猛烈的批判与排斥。姚建宗指出:“通行的法治理论具有较为明显的技术主义倾向和工具主义倾向。学者们大抵自觉不自觉地把‘法治’作为一种国家统治方式或安邦治国的策略。因此,在其法治理论中,物质的制度成分大大优越于精神、意识与观念成分。于是,法治的价值内涵与目的追求的意义便淡化了。”[③] 正如梁治平先生所忧虑的:我们的现代法律制度包括宪法、行政法、民法、诉讼法等许多门类,它们被设计出来调整社会生活的各个领域,为构建现代社会奠定基础,同时它们也代表了一种精神价值、一种在久远的历史中逐渐形成的传统。问题在于,这恰好不是我们的传统。这里不但没有融入我们的历史、我们的经验,反倒常常与我们固有的文化价值相

---

① 赵树坤:《社会冲突与法律控制:当代中国社会转型期的法律秩序检讨》,北京:法律出版社2008年版,第129页。

② 赵树坤:《社会冲突与法律控制:当代中国社会转型期的法律秩序检讨》,北京:法律出版社2008年版,第126—127页。

③ 姚建宗:《信仰:法治的精神意蕴》,载许章润等:《法律信仰:中国语境及其意义》,桂林:广西师范大学出版社2003年版,第27—28页。

悖。于是，当我们不得不接受这套法律制度的时候，立即就陷入无可解脱的精神困境。一种本质上是西方文化产物的原则、制度，如何能够唤起我们对于终极目的和神圣事物的意识，又怎么能激发我们乐于为之献身的信仰与激情？

第二，“法律效率”僭越“道德公平”。法律的价值目标包含效率、公平、自由、秩序等，由于法律的价值往往被经济因素所制约，因此，在经济领域中备受推崇的效率原则在立法中也就成为首要的价值目标。有学者主张，利益主体的多元化必然导致各类利益主体所遵守的价值观念之间发生冲突，如拆迁人和被拆迁人的利益冲突、雇佣者与受雇者之间的利益冲突，这是多样化的社会现实所决定的法律的价值目标的多样性，法律的重要作用就体现在对各种利益冲突的调节与平衡，为经济发展服务，这是法律效率价值的代表性观点，效率成为当代中国法律的重要价值目标之一。①

笔者认为，当代中国主导性道德依然是社会主义道德，公平正义也依然是社会主义法律的基本价值目标，法律固然应重视法律的效率价值和经济服务功能，但同时也不应忽视法律的公平正义价值。从应然的角度，公平和效率都是重要的价值目标，必须兼顾，但在实然的角度，法律却突出表现出对效率价值目标的强烈追求，长期实行的都是以效率为主兼顾公平。虽然经济的繁荣能为公平正义创造现实的物质基础，但那并不具有现实的力量，那种对社会主义的反映只是间接的、远期的，很难为现实的人们感知和理解。不可否认，以效率为主要内容的市场化道德的建立和发展的确对经济发展功不可没，但是，这种道德只是对过去道德观念中不足部分的修正，而不是以此道德取代彼道德，更不能从一个极端走到另一个极端。但实践中，市场化道德却被大加宣扬。片面强调道德应适应市场经济，把市场经济的思想道德观念作为主要内容，甚至把市场经济原则移入道德，而忽视了我国市场经济的基本前提——社会主义，因而冲淡了社会主义道德中集体主义

---

① 张文显：《法理学》（第3版），北京：高等教育出版社2007年版，第329页。

价值观的主导地位。[1]

正如马克斯·韦伯所言,市场经济条件下的工具理性过度发达而对价值理性形成了代替。市场经济作为一种工具,按技术性的规则来进行调节,其价值指向是理性的经济目标的实现,本质上是人与自然的关系,而人与人的关系与此不同,主体间的交往目的是达到主体间的理解和一致,交往行为更注重的是理性的价值判断,主体与客体的关系应服务于主体间的关系。但是,随着商品经济的发展,经济运行系统逐渐独立,表现为市场机制,理性化的经济系统摆脱原有的交往规则和价值观念,开始在金钱和权力的交往媒介下自律地运行。经济系统反过来又干预和破坏生活世界的文化机制,使其脱离了对以理解为基本方式、以达成共识为基本目的的交往理性的价值追求。于是从社会统一方面,就出现了社会失序和社会冲突的加剧。[2]

公平的利益分配是社会主义道德的重要内容,法律的公平正义主要体现在初次分配和再分配环节。而现实中,法律对初次分配和再分配的公平性引导还存在不足,这体现在:其一,劳动收入占国民生产总值的比重过低。资本相对于劳动往往占据较大的优势,如果劳动收入完全由市场供求关系确定,则很难保证劳动者基本的生存需求,更不要说以此催生以劳动为荣的道德感情,因此,在单纯劳动力市场不足以催生以劳动为荣的道德感情的前提下,就必须通过国家对劳动收入比重的干预和调整,来实现初次分配的公平。其二,在财政支出立法方面,国家侧重于对经济建设的扶持,而对社会保障和民生建设(住房、教育、医疗等)方面的投入相对不足,从而造成社会整体的贫富分化现象。如医疗投入方面,2009 年,中央财政对公立医院的支出刚刚 33.68 亿元,而 2010 年的预算又缩减为 17.96 亿元。对市场初次分配导致的贫富分化本应通过再分配加以平衡,但如果财政支出的再分配环节也不能实现真正的公平,则势必对社会的总体公平感造成损害。其三,

---

① 郑永廷、张彦:《德育发展研究——面向 21 世纪中国高校德育探索》,北京:人民出版社 2006 年版,第 263 页。

② 衣俊卿等:《20 世纪的新马克思主义》,哈尔滨:黑龙江教育出版社 2007 年版,第 221 页。

从财政收入立法来看,我国还未实现真正的税负公平。目前的税负主体仍然是以中低收入群体为主,现行的税收法律制度对于通过资本获利的高收入群体还没有形成有效的约束和平衡,因此,进一步降低劳动报酬税收,提高资本型收入的税负是未来税制改革的重点工作。

综上,法律担负着服务人民和实现社会公平正义的重要职责,通过各种立法措施实现分配公平是体现集体主义道德精神的重要手段,但现实中,立法所重点强调的主体平等、产权独立、权利意识等均体现为对效率目标的追求和对市场化道德的倡导,而对于公平正义的价值目标的追求表现还不充分,对社会主义道德精神的引导尚显不足。

(二)立法程序的民主公开尚不完善

虽然近年来我国在立法程序方面有了重大的进步,立法程序的公开性和民主性建设问题也备受社会各界的关注,但实践中,我国的立法程序仍然存在许多不完善之处,如立法权限划分还不尽合理、部分层级立法或区域立法之间还存在冲突、立法的公开化程度和民主化程度不足、立法的后续反馈监督制度仍相对匮乏等。其中立法的公开性和民主性是体现立法程序道德性的重要环节,由于立法活动是反映不同利益主体的不同利益诉求的过程,所制定出来的“法律”本身必须是能够切实保障最广大人民群众根本利益的合乎道德性的法律,因此,在制定法律的过程中,广泛听取人民群众的呼声、认真征求人民群众的意见、切实吸纳人民群众的合理提案,都是立法程序合乎道德性的必然要求。立法的公开性和民主性是建立中国特色社会主义法律体系的重要保证。然而,从我国的立法现状来看,立法的民主性和公开性程度还存在不足。

在立法的民主性方面,国家层面的大法的制定情况相对较好,目前问题较多的还是基层立法,主要问题是参与立法的主体不尽合理:一是立法者与立法结果存在直接的利害关系,二是不同利益主体的力量对比严重失衡,弱势群体的声音难以得到表达,在此基础上的立法,就很难充分保护弱势群体的利益,这也是导致社会矛盾加剧、违法犯罪率上升的一个很重要的原因。

如房地产法规的制定主体为政府，而法规的实施又与政府的利益直接相关，这使得作为立法者的政府很难在立法过程中保持真正的中立。我国近几年的高房价与政府出让土地获取高额出让金之间存在无法分割的联系。再如国有企业职工与非国有企业职工之间悬殊的工资收入差距，国家发改委早已提出修改收入分配的建议，但是屡遭国资委的质疑，其中对利益的考虑不能不是一个重要的因素。因此，分离立法者与所立之法之间的利害关系，扩大立法参与主体，提高弱势群体的参与比例是实现立法民主性的重要之举。

在立法的公开性方面，虽然法律在制定过程中大都采取了通过网络、广播、电视、报纸、杂志等大众传媒发动群众参与讨论的形式，但问题仍然较多。首先，不同效力层级的法律文件的公开程度有很大不同。一般来说，全国人大和全国人大常委会制定的法律与国务院制定的行政法规的公开程度较高，相对而言，部门规章和地方性法规、规章的公开程度较低。其次，通过网络征求意见和实地调查研究的方式收集到的信息仅仅是网民和部分城市居民的意见，其他的社会主体并未真正参与其中，立法主体实际上仍然只是部分专家学者和政府官员，具有一定的局限性。最后，在采取听证形式公开征求立法意见的过程中，立法者往往不能向社会公众提供立法赖以存在的客观资料和统计数据，这使得公开还不够完全彻底。

在立法的后续反馈和监督方面，也有不容忽视的问题。目前社会普遍关注的多是立法过程本身，而当一部法律或法规一旦表决通过付诸实施后，就很少再有人过问这部法律或法规的实施效果。对于一部法律而言，虽然在立法中已经经历了多次征求社会意见并反复修改完善的过程，法律条文表面看起来似乎已经十分适当与完满，但是一旦应用到实践中，极可能暴露出与现实不相符合的疏漏之处。因此，后续的跟踪调查制度是对立法的实际操作性和现实可行性的重要检验，但目前后续跟踪调查制度还相对匮乏。

（三）“部门立法利益化”现象依然存在

制定法律的过程，也是考验立法者道德水平的过程，立法过程公正与否必然会受到立法者本身道德素质的影响。现实中，多数立法者意志坚定，具有较高的道德素养，但仍有少部分立法者个人主义思想严重，集体主义道德精神严重缺失，从而导致利益分配不公的违规立法现象的发生。在我国现阶段的立法特别是行政立法中，“跑马圈地，以法争权，部门打架，各自为政”的现象还依然存在，由于立法部门本身也是利益主体，多样性思想的渗透，部分立法者产生个人主义思想与小集团利益至上的观念，从而出现受部门利益驱使的立法行为。从国家的法律法规来看，除全国人大及其常委会制定的法律以外，绝大部分地方性法规、规章都是地方权力机关或行政机关（即地方人大和地方政府）制定的，这个过程融入了太多的个人的因素，与立法者的道德当然密不可分。实践中，一些政府职能部门存在严重的“部门立法利益化、部门利益法制化”问题，一些部门的官员基于利己主义在立法时总是从本部门利益出发，制定对本行业、本地区、本部门有利的法规，如在国有企业改制的补偿立法过程中，立法者为了提高国有经济的效率，不惜降低对劳动者的补偿，导致管理者和劳动者之间分配不公，社会对企业下岗职工的补偿构成巨额欠债。为了增加地方政府部门的财政收入，部分地区不惜为不合理收费违规立法，或者将行政处罚以立法的形式加以指标化，或者违法扩大行政许可权和行政处罚权，以收取许可手续费和罚款的方式来实现增收，如河南郑州的六个“馒头办”就是以扩大管理权限谋取私利的典型案例。[①]这种维护小团体利益、违背大多数人利益的立法谋私现象明显违背了集体主义的道德原则。

立法者的道德缺失还体现在其对立法速度的影响，立法人为滞后或公开不及时，本来立法滞后是社会发展的一种正常现象，但现实中部分立法的滞后却是由于人为因素所致。以经济适用住房为例，享受多项国家优惠政策的经济适用住房有相当一部分被富人买走，甚至作为投资倒卖，但在长达五六年的时间里，就是没办法解决。其实，就连老百姓都能想出有效的办

---

① 2003年8月《今日说法》栏目曝光了河南省郑州市政府和各区政府分别设立了六个馒头管理办公室，简称“馒头办”，并违规赋予“馒头办”行政许可权和行政处罚权，通过对每个馒头加工者的许可审批获取1100多元办证费，同时附加对违规者处以3000—20000元的罚款，并指定面粉供应商，以此谋利。

法:限制每套住房的面积,但经过五六年的时间,2004 年 5 月《经济适用住房管理办法》才姗姗来迟,还仅仅是个行政规章,效力层级较低。由此说明立法滞后其实是人为导致的,是关于立法的利益博弈的结果。[①]还有部分地方政府立法公开程度较低或公开不及时,致使公众无从知晓。

二、执法道德的缺失

在执法活动中,执法者的个体道德品质对法律的执行具有重要的基础作用。从总体来看,我国大多数执法者都具有良好的道德品质,但仍有少数人有特权思想和个人主义倾向,缺失全心全意为人民服务的道德品质,在极端利己主义和权力至上思想的影响下产生执法不严或执法腐败现象。

(一)执法不严

执法是拥有行政权力的执法者依据法律的规定对社会公共事务进行管理和监督的活动,执法过程也就是法律法规被具体应用和执行的过程。由于社会公共事务的复杂性及法律法规的抽象性,在将抽象法律应用于复杂事务的过程中,必然要赋予执法者较多的自由裁量权,而在影响权力掌控的各种因素中,执法者的道德素质无疑具有十分重要的基础作用。实践中,部分执法者道德素质低下导致执法不严格,监管没有力度,主要表现为少数执法者道德缺失以致对违法行为包庇、宽宥和姑息纵容,在食品安全监管、产品质量监管、工程安全监管、土地使用监管、社保基金监管等执法活动中执法不严格、监管不到位的情形尤为严重。以食品安全为例,我国关于食品安全监管的法律规定可谓十分明确,2009 年 6 月施行的《食品安全法》明确规定:食品安全由县级以上政府的卫生行政、农业行政、质量监督、工商行政管理、食品药品监督管理等部门负责。以生猪为例,在养殖场时,由农业部门监管;到了运输阶段由工商部门监管;在市场上,由工商和质监部门监管;到了餐桌上则由卫生部门监管;如果出口到外国,还需由检验检疫部门监管。

---

① 孙立平:《博弈:断裂社会的利益冲突与和谐》,北京:社会科学文献出版社 2006 年版,第 136—137 页。

无论是食品的生产销售还是监督管理，法律都有明确的规定，然而“三鹿奶粉”、“苏丹红”、“瘦肉精”等问题仍然频发。还有“上海社保基金案”[①]暴露出执法机关在资金监管方面的漏洞，社会保险基金的管理和运营本应分开，实行收支两条线，但多年来该措施并没有得到落实，而是在政府内设一个部门管理基金，这导致行政管理、财务管理和投资管理不分，在执法者本身道德意志不坚定的情况下，社保基金被大肆挪用就成为必然结果。监管者的道德缺失不仅会导致对违法犯罪行为的姑息和纵容，而且也必然使轻易逃脱法律惩治的违法者更加无视法律的强制性，严重损害执法活动的权威。

（二）执法腐败

执法腐败是指执法人员利用手中的执法权力为个人或小团体谋取私利的行为。在行政执法领域，执法者的道德缺失导致大量执法犯法现象的发生，有的行政机关为了自身的经济利益，随意扩大收费项目，增加收费数额，规定行政处罚、行政收费的任务，并将此数额与行政执法人员的工资、奖金等相联系，这导致违规乱收费、乱处罚现象的频发，甚至不惜制造假象引诱违法以获取利益（即钓鱼执法）。个别地方政府为了一己之私在房产拆迁中甚至雇用社会闲散人员暴力执法，一些地方的公安部门为了利益甚至充当不法势力的保护伞。现阶段，“法盲执法，执法违法；借法牟利，执法产业化；恣意用法，暴力行政”的现象还时有出现。

从前对腐败现象的研究多从法律或政治的视角出发，其实腐败的根源与道德观念直接相关，腐败不是单纯的犯罪问题，而是一种深刻的道德现象。权力的滥用总是从对道德的践踏开始的，去道德化和无羞耻感已成为腐败的共同特点，法律的约束也就失去了威慑力，只有在道德上知耻才是守法的最深厚、最持久的力量。从近些年发生的一些职务犯罪大案、要案来看，执法权力腐败现象中的思想道德败坏是一个共性问题，绝大多数领导干

① 2006年7月17日，原上海市劳动和社会保障局局长祝均一因违规拆借巨额社保基金为福禧投资提供便利，并从中收受巨额贿赂而被隔离审查，涉案人员还有上海电气董事长王成明、副总裁韩国璋，上海市宝山区区长秦裕，上海福禧投资控股有限公司董事长张荣坤等，涉案金额达百亿元人民币，系上海市改革开放以来最大的腐败案。

部在落网后的忏悔中都表示犯罪的原因是放松了思想,这表明,思想道德是根本,思想道德出了问题,才会有在错误思想支配下的违法犯罪行为的发生。虽然不能赞同思想出问题是因为放松了学习,这不是单纯的学习就能够避免的,但是能将腐败的发生归结到"思想道德"上来还是说明找到了问题的源头。如果人的道德水平已经退化到单纯崇拜金钱和权力的程度,那么腐败犯罪就会成为必然的结果,内在的道德沦丧是腐败犯罪的直接根源。

如果单从制度的角度来看,应该说当代中国的反腐败法律制度可谓复杂,丝毫不亚于国外的反腐败制度。对于腐败分子而言,他们也并不是不知道法律制裁的严肃性,通过中国多年坚决反腐的事实就可以证明,中国反腐败的法律制度并非今日始建,也不可谓不严厉,社会震慑力不可谓不强,成果也很丰硕,但时至今日,腐败犯罪依然屡禁不止。这说明,仅单纯地依靠法律治腐是不够的,如果执法者的道德缺失,即使建立健全了严格的法律制度也很难使其得到切实执行,因此,从思想道德入手治腐才是解决问题的根本所在。在2008年全国两会结束时的记者会上,温家宝总理明确表示:应该承认,随着市场经济的发展,腐败现象接连不断地发生,而且越来越严重,甚至涉及许多高级领导人。近些年腐败的大案、要案频发,如买官卖官案、审批权腐败案、公路工程受贿案、土地开发腐败案、财政支出腐败案等,不胜枚举,如表3.1—3.3所示。其中包括原河北省委书记秘书李真案、原北京市市长陈希同案、原江西省副省长胡长清案、原黑龙江省政协主席韩桂芝案、原绥化市市委书记马德案,以及原上海市市委书记陈良宇案等。

表3.1 最高人民检察院2009年查处的公务人员腐败案件

2009年	件数	2009年	人数
全年各类职务犯罪	32439件	全年查办涉嫌犯罪的公务人员	2670人
贪污、贿赂犯罪	18191件	涉嫌犯罪的厅局级公务人员	204人

续表

2009 年	件数	2009 年	人数
特大渎职犯罪	3175 件	涉嫌犯罪的省部级公务人员	8 人
土地出让、规划审批、招标类犯罪	6451 件	全年惩治行贿犯罪人数	3194 人
产权交易、政府采购类犯罪	10218 件	全年惩治职务犯罪人数	41531 人

表 3.2　最高人民检察院 2010 年查处的公务人员腐败案件

2010 年	件数及增长率	2010 年	人数及增长率
全年各类职务犯罪	32909 件 同比增长 1.4%	全年查办涉嫌犯罪的公务人员	2723 人 同比增长 2%
贪污、贿赂犯罪	18224 件 同比增长 0.2%	涉嫌犯罪的厅局级公务人员	188 人
土地出让、规划审批、招标类犯罪	8584 件 同比增长 33.1%	全年惩治行贿犯罪人数	3969 人 同比增长 24.3%
产权交易、政府采购类犯罪	10533 件 同比增长 3.1%	全年惩治职务犯罪人数	44085 人 同比增长 6.1%

表 3.3　最高人民检察院 2011 年查处的公务人员腐败案件

2011 年	件数、人数及增长率	2011 年	人数及增长率
全年各类职务犯罪	32567 件	全年查办涉嫌犯罪的公务人员	2524 人

续表

2011 年	件数、人数及增长率	2011 年	人数及增长率
贪污、贿赂犯罪	18464 件 同比增长 1.3%	涉嫌犯罪的厅局级公务人员	198 人 同比增长 5.3%
征地拆迁、扶贫开发、社会保障等犯罪	4779 件	涉嫌犯罪的省部级公务人员	7 人
立案侦查涉嫌职务犯罪的行政人员	7366 人	全年惩治行贿犯罪人数	4217 人 同比增长 6.2%
立案侦查涉嫌职务犯罪的司法人员	2395 人	全年惩治职务犯罪人数	44506 人 同比增长 0.95%

纵观这些腐败案件具有惊人的一致性，那就是腐败行为与权力主体的道德沦落密切相关。一些执法人员从廉洁自律的好干部逐渐堕落，理想信念动摇，党性原则丧失，人生观、价值观严重扭曲，奉行极端个人主义、享乐主义、权力至上，在“不能做大官可以捞大钱”、“有权不用，过期作废”的思想支配下，极端膨胀的私利催生了大量的执法腐败案件。腐败与反腐败的斗争实质就是对价值观制高点的争夺，腐败在极力引诱人们屈服于金钱和权力，而反腐败则鼓励人们追求公平和正义，道德缺失始终都是腐败犯罪不可或缺的重要根源。

三、司法道德的缺失

在司法活动中，司法者的个体道德品质对法律的公平适用，即司法公正具有重要的基础作用。从总体来看，我国近些年的司法道德建设确实取得了较大的成就，如制定了具体的法官道德规范、检察官道德规范，树立了一大批优秀的模范法官、检察官典型，大部分司法人员都具有良好的司法道德观念，但与此同时，仍有少数人道德缺失，个人主义、特权思想严重，司法道德的缺失必然直接影响法律适用的公开和公正，产生不良的司法后果，主要表现为司法不公和司法腐败。

（一）司法不公

司法作为适用法律解决纠纷的活动，公正是其最本质的要求，而司法公正又是产生司法公信力的基础，只有公正的司法才能促使人们对司法产生信任和尊重的心理态度，从而对司法裁判结果认同和服从，而如果司法不公，则必然会严重损害人们对司法公信力的期盼。司法公正主要体现在司法机关的裁决过程和裁决结果的公平性，正如培根所言："一次不公的判断比多次不平的举动为祸犹烈。因为这些不平的举动不过弄脏了水流，而不公的判断则把水源败坏了。"①在司法实践中，部分司法者道德缺失，产生大量人情案、关系案和金钱案，以权谋私、以权偏私的司法不公现象使广大人民群众对司法公信力产生怀疑和不信任感，司法权威受到严重损害。如前所述，司法的正当程序要求法院和法官必须处于中立和独立的地位，司法者的裁判不能受到外来因素的干扰，然而实践中，部分司法者受亲情、友情、人情，或者私利的影响，泯灭良知和道德，在违背案件事实和法律规定的情况下，为一己之私做出明显不公的裁判结果，其给社会造成的消极影响十分严重。据社会调查，人们对国家司法人员的信任程度，"非常信任"的占5.98%，"基本信任"的占31.6%，"不很信任"的占20.95%，"不信任"的占16.6%，无所谓的占24.87%。司法权本来是人们赋予司法机关用以维护人民利益的公共权力，人们对司法权的公正行使寄予了热切的期盼，然而现实中，少数丧失司法道德的司法人员却将人民赋予的神圣权力演变为为个人谋取私利的工具，构成对司法权的严重践踏与凌辱。

（二）司法腐败

司法腐败是指司法工作人员利用司法权力非法为个人或小团体谋取利益的行为。司法腐败是少数司法者将个人利益凌驾于社会公共利益之上，对人民所赋予的公共权力恣意践踏和凌辱，对他人的正当利益肆意地非法侵害和剥夺。司法权本来系社会公众赋予司法机关和司法工作人员以维护

---

① ［英］培根：《培根论说文集》，水天同译，商务印书馆1983年版，第193页。

社会公共利益的有力工具,但是,部分司法者完全背弃司法为民的职责要求,反而将其用于为个人谋利,他们将司法权视为完全的私人财产,通过各种权钱交易谋取巨额不法利益。由于法律以道德为基础,那么严重违反法律的司法腐败行为必然会背离伦理道德的原则,任何司法腐败行为都是从违背和践踏社会基本价值观念和道德准则开始的。从道德缺失与违法的关系来看,司法者的道德素质对司法权的行使具有深刻的影响和决定性意义。司法的本质即公正,司法是社会公正的最后一道防线,如果司法者道德素质低下,则必然难以保障司法的公正性,反而极易引发司法权的滥用,如贪污受贿、枉法裁判、权钱交易等。现阶段我国司法人员的道德建设尚不足,枉法裁判、司法腐败仍很严重。[①] 2009 年,全国各级法院查处违法违纪法官 236 人,其中 102 人被移送司法机关处理,86 人受到党纪处分,101 人被调离审判执行岗位。最高人民法院和最高人民检察院 2010 年工作报告指出:目前我国法律适用过程中还存在着一些缺憾,司法人员的道德素质有待提高,刑讯逼供事件还时有发生,司法腐败现象尚有蔓延等。[②]中国社科院编写的《中国法治发展报告 No. 11(2013)》明确指出:中国司法机关近年来大力推动司法改革,维护司法正义,提升司法公信力,其进步和成就有目共睹,但司法腐败、舞弊枉法以及冤假错案仍时有发生,信访不信法的观念仍大有市场,法院的权威和公信力皆有待提升。[③] 最令人惋惜的是,作为学识渊博的学者型法官、原最高人民法院副院长黄松有也由于道德的败坏和价值观的扭曲而走上违法犯罪的道路,黄松有贪污受贿案对弘扬司法权威和公正造成了极为恶劣的影响。[④]由于司法腐败的主要根源之一还是在于司法者伦理道德的败坏,因此,有效减少和遏制司法腐败还需要通过提高司法者的道德素质来实现,如果司法者能将公正无私的道德观念内化为自己内心的品格,

---

① 余其营、吴云才:《法律伦理学研究》,成都:西南交通大学出版社 2009 年版,第 57 页。

② 来自最高人民法院和最高人民检察院 2010 年工作报告。

③ 来自中国社科院 2013 年编写的《中国法治发展报告 No. 11(2013)》。

④ 2010 年 1 月,原最高人民法院副院长黄松有因犯受贿罪、贪污罪被判无期徒刑,剥夺政治权利终身,没收个人全部财产。他是我国自 1949 年以来因贪腐被查处的最高级别的司法官员。

则在运用司法权力时就可以有效地远离司法腐败。

四、守法道德的缺失

在我国法律体系日臻完善的今天,守法的状况却不尽如人意,虽然社会大部分成员能够做到遵纪守法,但仍有少数人为一己之私不惜践踏法律,这与其道德缺失密切相关。尤其在社会转型和经济变革中,利益关系的变化和冲突使一部分人产生了强烈的拜金思想和占有欲望,由于受极端个人主义思想的影响,这些人良知泯灭、唯利是图、不择手段,做出一系列严重恶劣的违法犯罪行为,如生产、销售假冒伪劣产品,使用仿冒名牌,进行商业贿赂,侵犯商业秘密,还有建造豆腐渣工程、销售黑心棉等,由守法道德的缺失而引发的违法犯罪现象令人担忧。

(一)道德缺失与食品安全违法

食品安全问题关系着广大人民群众的生命健康,尊重他人的生命健康权也是守法道德规范中最为基本的要求,然而当代中国食品安全问题一再发生,让社会底线道德屡次遭受重创,那些食品生产者的道德冷漠也一次次被曝光于大庭广众之下,如生产、销售有毒有害食品,用福尔马林浸泡木耳,用敌敌畏熏制火腿,给锅底料添加苏丹红,还有地沟油、毒奶粉、瘦肉精、染色馒头等。对他人生命健康关怀的严重欠缺以及极端利己主义的利益驱动导致了食品违法案件不断发生,甚至已经达到触目惊心的程度。温家宝总理郑重指出:诚信的缺失,道德的滑坡已经到了何等严重的地步。企业家身上也应该流淌着道德的血液,直指中国食品安全违法案件频出的真正危机正是来源于人的内心良知和道德观念的缺失。以"三鹿奶粉"案件为例,在三鹿事件中,虽然国家的法律没有对三聚氰胺的含量做出明确的指标要求,但是如果相关生产者和监管人员能够对婴幼儿的健康有着最起码的道德关怀,那么即使没有严格的立法与执法,也不会出现如此恶性的食品违法犯罪案件,也不会有那么多孩子深受其害。[①]相反,如果对基本生命健康关怀的道德缺失,那么即使制定了健全的法律,规定了严厉的惩罚措施,也仍然不能从根本上阻止恶性违法案件的发生,如表3.4表示:

表3.4　最高人民法院和最高人民检察院2009—2011年查处的食品安全违法案件

2009年	2010年	2011年
检察机关起诉制售有毒有害食品犯罪嫌疑人507人	检察机关批捕制售有毒有害食品犯罪嫌疑人2012人,提起公诉1562人	人民法院审结"瘦肉精"、"地沟油"等制售有毒有害食品案278件

事实表明,虽有不断完善的法律制度,但食品安全违法事件依然频出,这说明仅有法律的约束是不够的,道德的缺失会大大弱化法律的强制功能。生产者道德缺失就会受利益驱动而唯利是图,监管者道德缺失就会对违法犯罪姑息纵容,使违法者轻易逃脱法律的惩治,进而,监管不力和执法不严反过来又会进一步助长生产者的违法气焰。在北京大学2011年的新生辩论赛中,"食品安全是道德的缺失还是法律的缺失"这一辩题引发了道德与法律作用的大争论。笔者认为,无论道德的缺失还是法律的缺失都是食品违法现象产生的重要原因,我们在注重完善食品安全法律制度的同时,也必须同时关注食品制售过程中人的道德良知,食品工程也是道德工程,道德作为发端于人们内心觉悟的无形力量,对法律的实施具有更为重要的内在支撑作用。只有生产者心存道德良知,心系社会公众的生命健康,才能从根本上防止食品违法行为的发生。因此,规范食品制售行为,必须要从生产者与监管者的道德自律入手,建立企业的基本伦理道德,发挥道德的基础作用,以确保食品的安全性。

(二)道德缺失与劳动违法

当代中国劳动法律制度不断完善,然而劳资法律纠纷依然不断攀升。

① 夏兰英:《良知不存,法将焉附——从三鹿奶粉事件看良知对法律的作用》,硕士学位论文,湘潭大学,2010年。

1993—1999 年受理的劳动争议案件以年均 47.5% 的高速攀升。[①] 2009 年，各级法院审结劳动争议案件 31.7 万件，同比上升 10.8% 。[②]一方面，《劳动合同法》、《劳动合同法实施条例》、《工伤保险条例》、《劳动争议调解仲裁法》等保护劳动者权益的法律法规不断出台；另一方面，拖欠农民工工资、黑砖窑事件、富士康事件、矿难等仍在不断发生。不能否认，大规模、快速立法对劳动关系有一定的改善作用，但劳动领域中部分雇主的道德缺失导致其对法律置若罔闻，违法违规事件依然不断产生。

在劳动工资方面，拒付、延付、克扣工资等违法现象依然十分普遍，甚至迫使受害的劳动者走上犯罪的道路，如甘肃农民工追讨工资杀人案[③]、湖南永兴县法院爆炸案[④]等。在劳动保护方面，部分良知泯灭的雇主毫不关心劳动者的人身安全，不遵守安全保护的法律法规，不安装安全防护装置，不发放劳动保护用品，甚至违章指挥、强令工人危险作业，由此而导致的矿难、工伤、职业病等频发，其中以河南郑州工人张海超的开胸验肺案最具代表性。[⑤]在劳动合同解除方面，违法现象也较为普遍，许多用人单位恶意不签劳动合同，以便随意解雇劳动者，或者拒付经济补偿金，或者以末位淘汰制、劳动定额制违法辞退劳动者。除此，还有备受诟病的劳务派遣制度，在许多地方甚至成为包身工制度的翻版，克扣工资、降低保费、随意辞退、假派遣[⑥]等现象多有发生。在劳动者的人身权保护方面，部分雇主道德素质极其低下，辱骂、强迫工人下跪、殴打和体罚工人时有发生，如福州某女工因违反公司规

---

① 数据来自《中国劳动统计年鉴 2005》。

② 数据来自《最高人民法院 2010 年工作报告》。

③ 2005 年，甘肃农民工王斌余追讨工资未果，反被羞辱和暴打，后愤怒杀死了工地的负责人，王被判死刑后表示："我被他们逼得没法活了，我这样活着太累了，我就是想死，死了总没有人欺负我了吧？"

④ 黄运财是个老实人，在收到不公正判决后（法院扣留了关键性证据，还将劳动仲裁机构裁定的 30 多万元减少到 1 万多元），还遭到了矿主们的公开羞辱，一个矿主家属说："原来就说给你们 3 万多元，现在累得像条狗一样，还不是拿一样多。"后其愤怒而杀人。

⑤ 2009 年，河南郑州工人张海超患尘肺病，但用人单位拒不承认，职业病防治所又不确诊，导致其被迫选择开胸验肺。此案引起社会的强烈反响。

⑥ "假派遣"即用人单位强行与职工解除劳动合同，并要求其与下属的劳务派遣公司重新签订劳动合同，然后再由派遣公司将其派遣回原单位继续工作。

定竟被公司管理人员捆绑起来,毒打后关进狗笼。有的企业为监视工人在厕所里安装摄像头,有的企业还非法限制工人的人身自由、违法搜身、违法限制女职工的生育权利等。综上,部分雇主对劳动者的冷漠、残酷乃至鄙视是道德观念缺失最具代表性的体现。

(三)道德缺失与竞争违法

众所周知,市场经济的核心就是公平自由竞争,只有通过竞争机制才能有效地减低成本、提高管理、创新技术和改善服务,从而使市场充分发挥合理配置社会资源的基础性作用,但是,垄断和不正当竞争是对市场公平竞争最大的破坏,所以任何一个市场经济国家都通过立法坚决反对与打击垄断和不正当竞争行为。早在20世纪90年代社会主义市场经济建设初期,为了营造健康、诚信、有序的市场环境,鼓励经营者正当合法地竞争谋利,国家就制定并出台了一系列的反不正当竞争的法律法规,如1993年的《反不正当竞争法》及其配套法规、1993年的《产品质量法》、1995年的《广告法》等。为了打击国内愈演愈烈的垄断现象,我国经过20年的酝酿终于在2008年8月施行了首部《反垄断法》,弥补了市场管理中的重大立法空白。然而该法落实到实践中,却不尽如人意。部分经营者由于公平诚信的道德观念严重缺失,为了利益不断突破法律的限制,假冒伪劣、虚假宣传、商业贿赂、恶意抢注商标、傍名牌等不正当竞争的违法行为频出。恶意签订垄断协议、以减少或限制竞争为目的实施经营者集中、肆意滥用市场支配地位等不正当竞争行为,对市场的公平竞争秩序造成严重的破坏,见表3.5。

表3.5　最高人民法院和最高人民检察院2010—2011年查处的市场经济犯罪案件

2010年	2010年	2011年
各级法院审结知识产权案48051件	最高人民检察院起诉制售伪劣商品犯罪嫌疑人5642人	各级法院审结知识产权案6.6万件
同比增长32.96%	同比增长14.1%	同比增长37.7%

近些年,互联网不正当竞争案件更是频发。据统计,北京市第一中级人

民法院2010—2013年审结的不正当竞争案件共计110件，其中涉及互联网不正当竞争的占30%。其中包括腾讯科技（深圳）有限公司诉北京搜狗科技发展有限公司——设置进程阻碍用户使用他人同类产品构成不正当竞争案（2010年）；上海汉涛信息咨询有限公司诉爱帮聚信（北京）科技有限公司——关于垂直搜索构成不正当竞争案（2011年）；北京金山安全软件有限公司诉北京奇虎科技有限公司——关于商业诋毁行为区分于基本事实描述认定的不正当竞争案（2013年）；等。

由于道德的缺失和利益的驱动，不正当竞争和垄断的违法现象在我国依然比较严重，法律的强制力在缺少道德支撑的情况下也难以阻止经营者对暴利的追逐。因此，必须从道德建设入手，唤醒经营者的道义良知，使其能从内在约束自我，努力做到消除垄断、减少不正当竞争，从而使竞争法律制度能得到有效运行，形成真正自由、公平、健康、有序的市场环境。

（四）道德缺失与婚姻违法

我国的“主导性道德”一贯提倡勤俭节约和艰苦奋斗精神，提倡劳动致富，反对不劳而获，然而当代中国，在婚姻领域中充斥着一种较为普遍的不劳而获的思想观念，许多年轻人都渴望一夜暴富，一步到位，少奋斗几年。因此希望通过嫁人或傍大款的方式实现一步到位目标的大有人在。“干得好不如嫁得好”、“傍大款”、“少奋斗几年”的思想观念已经成为许多年轻人理所当然的价值追求。“干得好不如嫁得好”是20世纪90年代的一道著名辩题，高达70%的受访者竟然都持赞同观点，着实令人震惊。21世纪的网络流行语“宁愿在宝马车里哭，不愿在自行车上笑”再次惊醒人们，价值观的扭曲已经到了何等严重的程度。正是在这些道德观念的影响下，婚外恋、第三者插足、包养情妇等现象频发，当事者对婚姻家庭义务的淡漠和无责任感、第三者对破坏他人家庭的无羞耻感和无罪恶感，导致了我国《婚姻法》中明确规定的夫妻忠实义务在现实中经常受到严重破坏。虽然忠实的道德精神已经上升为法律，具备了强制性的特征，但是在现实中道德观念的扭曲致使法律条文常常流于形式，失去应有的约束效力。思想道德观念的转变引发的大量婚姻法律纷争应该促使我们对婚姻家庭领域的道德责任和道德义务进行深刻的反省。除此,还有部分人由于道德缺失,以假离婚的方式来逃避债务,致使神圣的法律被退化为逃避债务的工具。由此,再良好的法律也需要良好的道德观念作为基础,否则,法律就不可能得到有效的运行。

第四章　法律运行道德缺失的原因审视

从道德的多元化来看，多元化的道德对主导性道德构成一定程度的消解，且转型时期社会对效率的注重导致对公平观的误解；从道德的利他性来看，由于缺乏对利他性道德中“快乐与满足感”的保护，阻碍了道德的利他性的形成与稳固；从道德情绪来看，荣辱感的错位和公平感的缺失严重影响了道德情绪的正当性；从道德需要来看，物质需要的满足是道德生成的基础，道德建设无法超越注重生存利益的客观现实；从社会基本制度对道德的引导来看，我国现行的政治制度过于突出经济职能，公共服务职能相对弱化，司法制度缺乏有效的监督和必要的保障，这必然会阻碍以公平为核心的执法道德与司法道德的生成。

一、从道德多元化审视道德缺失与违法

当代中国由计划经济向市场经济转型，社会环境发生巨大变化，反映到道德领域中就出现了主导性道德与多样性道德并存的局面。在道德多元化的背景下，社会对道德的公平观也有了不同的理解与阐释，这些变化势必对法律的运行造成影响。

（一）社会转型期的主导性道德真空

改革开放前，我国实行纯粹的生产资料社会主义公有制，分配方式上也采取纯粹的按劳分配，经济体制上采取计划模式；而改革开放后，经济基础由单一的社会主义公有制转变为以公有制为主体的多种所有制并存结构，

分配方式也由单一的按劳分配转变为以按劳分配与按生产要素分配相结合的多种分配方式，经济体制由计划经济转向市场经济，中国社会发生了由传统向现代的重大转型。在市场经济体制下，社会经济成分和经济利益多样化、社会组织形式多样化、社会生活方式多样化、就业岗位和就业方式多样化，当代中国社会整体呈现多样化的发展态势。

每一种社会形态都要求建立一个与之相适应的发挥主导作用的道德规范体系，在中国古代，等级特权思想与封建宗法关系相适应。在新中国成立初期，集体主义观念与生产资料公有制相适应，道德在很大程度上发挥了巨大的内在约束作用，但随着我国由计划经济向市场经济的转型，所有制结构与分配方式均发生了较大变化，从前建立在纯粹社会主义公有制基础之上的社会主义道德理论已不能完全适用转型时期的中国社会。处于转型时期的中国社会所需要的主导性道德既不同于中国古代道德，也不同于新中国成立初期纯粹公有制基础上的社会主义道德，更不同于资本主义道德，而是一套全新的道德体系，如何界定转型时期的社会主义道德还是一个十分复杂的过程。从历史来看，每当社会发生转型变革，首先应该建立的是与之相适应的道德规范，继而才是与道德规范相适应的法律建设，西方社会的法律制度是在已经相对成熟的资本主义道德的基础上“自然”生成的，但中国的社会转型却是史无前例的，适应社会主义市场经济的法律建设在很大程度上是由政府推动的，在这个意义上并且也仅仅在这个意义上，中国社会的法律建设是“不自然”的，既不是传统马克思的共产主义实践，也不是纯粹的资本主义制度的移植，而是社会主义与市场经济相结合的特色实践。目前，与这种特色实践相适应的道德体系还没有完全建立，这就导致了一种结果：当代中国原有的旧道德已被打破，而新道德尚未生成，中国特色的社会主义道德还处于不断探索和建设的过程之中，从前对人的自然性限制的有效因素逐渐消失，同时又没有其他有效因素及时地取而代之，导致这一特定的时期自然地形成了所谓的“道德真空”。在此期间，人的自然性迅速地处于无限制的状态之下，严重的道德缺失必然极大地削弱道德对守法的基础作用，从而导致违法犯罪的频繁发生。[1]在此过程中，主导性道德的真空必然导致法律运行失去了强有力的内在支撑。

（二）社会转型期的多样性道德渗透

邓小平同志曾说过："实行开放政策必然会带来一些坏的东西，影响我们的人民。要说有风险，这是最大的风险。"[2]随着市场经济的发展和改革开放的不断深入，社会利益关系发生了重大变化，经济成分、分配方式、就业方式、生活方式的多样化反映到思想领域中必然引发价值取向和道德观念的多样化。道德观念的开放性在丰富了道德选择的同时，也带来道德标准的混乱与冲突，拜金主义、享乐主义、个人主义等腐朽价值观不断渗透与侵入。不同的思想价值观对传统的道德观念造成极大冲击，社会整体道德呈现出多样化态势，形成了主导性道德与多样性道德并存的局面，多样性道德的渗入对法律的运行造成消极的影响。

当代中国的"多样性道德"主要是指封建道德和资本主义道德。封建道德的核心是特权思想与等级观念，特权即人与人之间的不平等。特权者在自己的势力范围内可以为所欲为，特权衍生出官僚主义、家长制作风、一言堂等现象，正是由于法律运行中仍然存在着严重的特权思想和等级观念，才导致权力腐败和滥用的违法犯罪。与此同时，以个人主义为核心的资本主义道德观念也对当代中国的法律运行产生了巨大的影响。以美国为首的西方国家从未停止过对我国进行思想道德方面的渗透，意图扰乱人们的是非、美丑观念，滋生极端个人主义，促使官员腐败，从而达到颠覆社会主义、和平演变的目的。资本主义道德的核心是个人主义，社会主义道德的核心是集体主义，两者在本质上是对立的，当代中国违法现象的增多正是道德观念中个人主义泛滥的结果。20 世纪 90 年代以来，中国出现了一股极端的个人主义思潮，并引发了一系列违法犯罪行为。[3]探究这些违法犯罪行为，其思想根

---

① 陈晓雷、高晚欣：《当代中国道德对法律的保障性研究》，载《东北大学学报（社会科学版）》2012 年第 6 期。

② 《邓小平文选》第 3 卷，北京：人民出版社 1993 年版，第 156 页。

③ 梅荣政：《用马克思主义引领社会思潮》，武汉：武汉大学出版社 2008 年版，第 368 页。

源都与极端个人主义的思想观念密不可分。江泽民同志曾指出:这些年来,我们有些地方、有些单位对党员、干部的思想政治教育抓得不紧,拜金主义、享乐主义、极端个人主义在一部分党员、干部中滋长,也是腐败现象得以蔓延的一个重要原因。①网络炫富、金钱至上等拜金主义严重扭曲了社会主流价值观,部分领导干部的是非观念发生重大改变,道德观念严重扭曲,许多曾经廉洁自律的领导干部逐渐背弃了原有的集体主义价值观,淡化了大公无私、为人民服务的崇高理想信念,在"人不为己,天诛地灭"、"有权不用,过期作废"的错误观念指导下疯狂地追求一己之私,道德标准的混乱在很大程度上催生了违法犯罪。

虽然多样性道德反映的只是少数人或少数利益集团的意志,在整个社会观念体系中并不占据主流和支配地位,但它对主导性道德产生的冲击仍然客观存在,主导性道德的凝聚力在不断扩展的非主流道德的冲击下不断被消解。部分人理想信念淡漠、精神迷茫,社会出现道德滑坡现象,在此基础上,违法犯罪现象频发,法律的运行面临着十分严峻的德行挑战。

(三)社会转型期的道德公平观误读

公平正义是道德体系中最为核心的部分,公平观的内涵在不同的历史时期和不同的社会制度中均有不同的阐释。封建制度将尊卑贵贱的等级秩序和特权作为公平,将三纲五常看作正义的标准,特权、不平等是封建主义公平观的核心。资本主义制度虽打破了封建特权的道德观念,但本身又制造了新的不平等——雇佣劳动与剩余价值,将维护资本主义雇佣、剥削制度作为公平观的核心。而社会主义制度则赋予了公平观全新的内容,主张人格平等、消灭剥削、反对特权,社会主义公有制与按劳分配是社会主义公平观的代表性体现,但在特定的转型时期,在社会努力实现公平的过程中,部分人对公平观的理解却产生了偏差。

从公平与效率的关系来看,效率是公平的基础,公平是效率的保障,或

---

① 《江泽民文选》第1卷,北京:人民出版社2006年版,第324页。

者说效率是手段，公平是目标。我国20世纪70年代末开始的经济转轨的主观愿望正是为了打破带有空想社会主义色彩的平均主义，通过效率来达到社会的整体发展，使平均主义向承认财产差异的社会过渡。改革的目标绝不是为了实现两极分化，而是合理地拉开差距，让一部分人先富起来，最终通过先富带动后富实现共同富裕，但结果以效率为目标的经济转轨在拉大财产差距的同时也导致了社会贫富的巨大分化。很显然，这里忽略了一个重要的问题，那就是效率与公平毕竟属于两种不同的范畴，效率属于经济范畴，公平属于道德范畴，两者的辩证统一在实践中并不会自动形成，"效率不会逻辑地导致公平，这就需要对社会主义市场经济进行道德干预，从而避免在追求效率时，忽视了社会公平"①。应当说，当代中国对公平观的误读与经济学家的效率思想密切相关，经济学界毫不回避地大量借鉴西方经济学思想，虽然对推动我国经济的发展贡献巨大，然而脱离了道德哲学的经济学以"科学"自居，失去了实质理性约束的形式理性经济人同样也只关注符合"科学"特征的东西，市民社会的实际运转正根植于如此这般的理念之上——无论是私人领域的日常生活，还是公共行政的制度安排，最终都必须将可计算的效率奉为圭臬。②正是在这种效率思想的引导下，我国在立法时更多考虑的仍然是经济的内容，突出"效率"价值而忽视公平。

在一段时期内，我国将效率摆在了头等重要的位置上，提出"效率优先，兼顾公平"，由于社会对效率的过分重视导致人们对转型时期的公平观产生了误解。"在一段时间里，我们社会中的价值观单一到这样的程度：一件事情只有有利于经济增长，才有存在的合法性；一个事物只有能换来金钱，才能证明其价值。"③部分经济学家受西方新自由主义思想的影响，认为利用国民收入的再分配来人为地制造平等会损害效率，甚至主张为了增进效率

---

① 李建华：《法治社会中的伦理秩序》，北京：中国社会科学出版社2004年版，第221页。

② 王瑛：《"理性经济人"与"市民社会"——从唯物史观的立场出发》，博士学位论文，复旦大学，2010年。

③ 孙立平：《博弈：断裂社会的利益冲突与和谐》，北京：社会科学文献出版社2006年版，第69页。

可以牺牲一定的公平。正是在这种思想的影响下，我国在立法时也出现了一些侧重效率而忽视公平的情形。更有甚者，有的地方政府甚至出台正式文件，规定可以纵容一些民营企业在创业初期的犯罪行为，也就是说，为了发展经济，犯罪在一定程度上是可以被容忍的。这种对效率的注重已经远不是对公平的牺牲，而是对违法犯罪的姑息和纵容。当政策的导向向效率倾斜，长远的公平价值目标就会变得遥远。[①]在部分地方的行政执法活动中，政府的执法力度明显不足，其原因也往往在于政府过于看重效率，由于违法企业能够在客观上增加政府的财政税收，同时在劳动力就业方面也能缓解政府的压力，因而导致部分政府宽容企业的违法违规行为。孙立平认为："公平的原则不仅不能缺位，而且是首要的原则。用效率来否定公平原则，也许会带来一时之利，但从长远来看，会导致整个经济社会生活运行基础的瓦解，长远的代价将会不可估量。"[②] 邓小平同志也提出：如果我们的政策导致两极分化，我们就失败了；如果产生了新的资产阶级，那我们就走了邪路了。"如果走资本主义道路，可以使中国百分之几的人富裕起来，但是绝对解决不了百分之九十几的人生活富裕的问题。"[③]以百分之九十几的人的贫穷为代价来换取百分之几的人的富裕，无论如何都远离了公平的视域。

以备受诟病的国企改制中的国有资产流失问题为例，许多学者都习惯于将问题的原因归结为法制的不健全，而事实上，就国有资产的出售与转让来说，不能简单地理解为无法可依的问题。我国《宪法》明确规定：社会主义的公共财产神圣不可侵犯，禁止任何组织或者个人用任何手段侵占或者破坏国家和集体的财产。而且，在人们的认知上，谁的东西就是谁的，别人是不能侵犯的，这样的规则也是不言自明的。然而落实到实践中，我国的国有企业改制几乎演变为瓜分国有资产的盛宴，甚至对于因改制而产生的纠纷法院拒不受理，更令人奇怪的是，一些已有的法律甚至被人为地搁置起来。

① 余其营、吴云才：《法律伦理学研究》，成都：西南交通大学出版社 2009 年版，第 102 页。

② 孙立平：《博弈：断裂社会的利益冲突与和谐》，北京：社会科学文献出版社 2006 年版，第 130 页。

③ 《邓小平文选》第 3 卷，北京：人民出版社 1993 年版，第 64 页。

据报道，广西壮族自治区高级人民法院于2003年9月下发了《广西壮族自治区高级人民法院关于当前暂不受理几类案件的通知》，该通知规定对13类涉及面广、敏感性强、社会关注的案件暂不受理，其中就涉及国企改制。[①]事实上，上述现象的出现无不是转型时期社会过于注重效率而忽视公平的结果，对公平观的偏差理解势必导致人们对法律的无视或践踏。

二、从道德利他性审视道德缺失与违法

（一）道德利他性的含义

关于道德需要，国内学界的大多数学者都是仅从“利他性”的角度予以解释的，认为道德的利他性是纯粹考虑他人利益，不惜牺牲自己的利益。如罗国杰教授认为，道德需要是把为社会服务、为他人献身、为人类牺牲当作自己需要的一种更高级的需要。[②]曾钊新教授认为：道德需要不是摄取，而是付出，是将自身献给社会，为集体效力，为人民造福。他不是站在自身的立场盯着自身的得失，而是放眼广袤的世界，掏出自身的能力去成全人类的幸福。[③] 显然，这里的道德需要是个体超越了生理需要的一种精神需要，是超越于“生物人”而成为“道德人”，是一种很崇高的心理和精神。然而，笔者认为，道德作为一种需要并不是与己无关的纯粹为他人奉献的精神需要，道德不仅包括利他性道德需要，同时也包含利己性道德需要，而且两者相辅相成、不可分离。所谓道德的利己性，就是指通过道德行为也能为道德主体带来一定的利益，这种利益以精神满足为主要形式。道德功利论者强调道德的功利性，陷入唯效果论；而道德义务论者（康德）则割裂了道德利己性与利他性，单纯地强调利他性，只要牺牲不要回报，陷入唯动机论。而马克思指出：“人们奋斗所争取的一切，都同他们的利益有关。”马克思主义伦理观建立在个人利益与社会利益相统一的基础上，既强调个人道德的利益基础，又

① 孙立平：《博弈：断裂社会的利益冲突与和谐》，北京：社会科学文献出版社2006年版，第137页。

② 罗国杰：《论道德需要》，载《湖北社会科学》1992年第9期。

③ 曾钊新：《论道德需要发展的社会轨迹》，载《中州学刊》1992年第4期。

强调个人对他人的道德责任，强调利己性和利他性的统一，克服了道德义务论的唯动机性与道德功利论的唯效果性。

普列汉诺夫也认为“利益是道德的基础”，道德的“利他性”不是一般意义上的纯粹为他人，而是一种含有“利己性”的利他，利己和利他是相对而言的。当然，“利他性中的利己”与“利己主义的利己”在本质上是完全不同的，“利己主义的利己”过分强调对自身的满足而不考虑对他人的满足，而“利他性中的利己”则是指行为主体将对他人利益的满足作为自己的快乐，即通过为他人服务而体验到他人对自身的认可、信任与尊重，并从利他的行为中给行为主体自身带来精神上的满足和快乐，也就是说，利他并不是对自身完全没有利益的，否则就不会发生道德行为了。如果见义勇为者不认为舍生忘死是高尚、有价值的行为，就不能从挽救他人生命中得到任何精神上的安慰，那么就不会发生舍弃生命救助他人的施救行为；如果革命者感觉不到为革命牺牲是伟大而光荣的，就不会做出抛头颅洒热血的大无畏之举，更不会做到视死如归；还有执法者之所以能够勤勉敬业、廉洁奉公，也是以社会的赞誉和内心的满足为重要基础的；父母对子女不求丝毫回报的“无私付出”，其实也是以他们在牺牲和奉献中得到的快乐和满足为补偿的。总之，道德的利他性是以坚定的信念和为他人服务的快乐与光荣作为回报的，如果行为主体认为利他性的付出不能给自己带来任何快乐和满足，那么就不会做出利他性的行为选择。现实生活中出现的许多感人的救助事迹至少对于当事者本人来说，他们都坚信救助是一种具有崇高精神的正义之举，并且最关键的是，他们都能从救助行为中得到心灵的安慰和精神的升华，这对他们而言就是一种最大的“利己”。因此，在这个意义上，道德也是具有利己性的。

当然，笔者绝没有因为道德的实践者也追求自己的利益而贬低他们道德行为的价值，还有谁能比那些将他人利益的满足当作自己最大快乐的人更伟大的呢！帮助他人可以不求物质或荣誉的回报，但需要自我心灵的满足，这种满足通常是以社会和他人的肯定与赞誉来实现的。在一个公正合理的社会中，道德义务的无偿性，应该用道德主体的幸福和快乐作为最起码的酬劳和回报。即使主体的行为考虑的完全是利他性道德需要,那么至少也需要最起码的自我幸福和快乐。[①]穆勒认为:假如有美德,他不觉快乐,没有美德,他不觉痛苦,他就不爱好或欲求美德了;就是欲求美德,也不过因为美德可以给他自己或他关切的人其他利益。[②]当然穆勒的观点是建立在功利主义的基础之上,他提出的美德是以是否满足个人利益而非满足他人利益为基础的,但原理有相类似之处。行为人的自我满足感是非常重要的,功利主义是从满足于个人利益中得到了满足,而道德是从满足于他人的利益中得到了满足。在道德领域,道德权利和道德义务也应该是对等的,如果一部分主体只享有权利但不付出,而另一部分付出的主体却得不到相应的补偿,那么这种道德体系也就失去了号召力,就难以得到社会公众的拥护,最终走向崩溃。[③]道德实践者只有从道德行为中获得足够的内在情感满足,才能使道德行为得以持续发展和不断稳固。

(二)道德利他性的缺失

在法律运行中,执法活动的目的是为了履行向社会提供公共服务的重要职能,以法律的公正执行来实现国家对社会公共事务的管理和对公平正义的维护,执法活动本身就是以为人民服务为目标的。从这个意义上说,以服务人民、大公无私为基本内容的执法道德理应属于纯粹“利他性”的道德。作为公权力主体的执法者,所秉承的是为社会提供公共服务的重要职责,本身理应具有崇高的利他性的道德品质,由于利他性道德中也包含了一定的“利己性”,即道德主体通过社会对其行为的认可和肯定而获得快乐和满足。因而,执法者也理应有权利追求属于自己的快乐和幸福,这种快乐和幸福主要体现在:执法者因无私奉献、廉洁奉公而受到社会的高度认可与充分尊重。

道德是以利他为基础的,主观上是为了追求他人的利益,而客观上利他

① 刘同君:《守法伦理的理论逻辑》,济南:山东人民出版社2005年版,第115页。

② [英]穆勒:《功用主义》,唐钺译,北京:商务印书馆1936年版,第38页。

③ 张耀宁:《中国社会道德信仰的现状与重建》,硕士学位论文,太原理工大学,2010年。

性的行为也能给行为人带来巨大的快乐和满足，但如果利他性行为无法得到充分的认可与肯定，即道德行为不能给个人带来足够的快乐和满足，那么良好的利他性道德就难以生成，或即使生成也难以保持长久与稳定。近几年频发的助人者反被诬陷的事例对道德的利他性构成了巨大的破坏和冲击。如果恪尽职守、廉洁奉公却要固守清贫、忍受讥讽，纯粹的利他反要承受否定的评价，人们从纯粹的利他性行为中无法得到足够的快乐与幸福，即“利他性中的利己性”被严重剥夺，那么利他性道德的生成就会面临困境，这也是许多曾经廉洁奉公的领导干部逐步走向腐化堕落的原因。如果守法却要长期固守清贫，而违法却可以一夜暴富、功成名就，那么就会导致现实中的利他性无法获得社会的肯定，利他性中的利己性，即通过守法而产生的快乐和满足自然也就无法产生，恶行善报、善行恶报的反向引导无异于是对社会违法之风的鼓励和宽纵。“利他性中的利己性”的缺失，使更多的人对严格执法的行为犹豫却步，客观地讲，社会不应单纯指责执法者，而是应该冷静反思“利他性中的利己性”缺失的原因。

（三）道德利他性缺失的原因

在执法活动中，利他性道德缺失的原因就在于：执法者在利他性的执法活动中难以找到通过严格执法而给自身带来“快乐和满足”，或者已经生成的“快乐和满足”也因长期得不到社会的回应而逐渐减弱，甚至走向消亡。现实中，执法者的“快乐和满足”难以生成以及逐渐弱化的原因在于执法环境和执法评价标准的变化。与基于人的自然性而产生的物质需要得到满足后的快感不同，因依法行政、严格执法而产生的“快乐和满足”并不是人与生俱来的，而是需要经过长期的社会化活动才能逐渐形成，在这一过程中，执法活动所处的政治环境、执法活动所遵循的评价标准都会对奉公执法行为能否产生“快乐和满足”形成巨大影响。

在社会转型过程中，一些政府部门成为市场中的利益主体，这导致政府行为市场化，一些政府部门甚至直接参与营利性的经营活动，政府的定位和职能走样变形，政府代表国家直接参与土地、矿产、交通等重要资源的配置，通过招、拍、挂的竞争方式，采取市场化的运作模式，以获取利益最大化为目的。由于政府本身成为利益主体，重点考虑财政增收，土地、房产自然就成为政府的重点发展内容，同样的一笔财政资金更多投向的是经济项目而不是投向环境保护或社会民生。在土地有偿出让的过程中，政府部门作为利益主体在制定政策时就难以保证中立性和公平性，并且还越来越多地受到利益集团的影响和干预，从而导致土地违规现象层出不穷、污染破坏生态环境问题日益严重。官员的任免权、审批权、许可权、处罚权等权力商品化、权力腐败问题也日益突出，公务员以隐名或干股出资的方式参与商业活动的案例也屡见不鲜。按照某些经济学家的观点，由于政府本身直接融入了经济活动，成为市场中经济实力最为强大的利益主体之一，根据利益最大化原则，权力拥有者当然不会以无偿或低效的方式来行使权力，而是以利益的大小来决定权力的行使，在有偿出让国有资源时更是如此。如果把整个国家视为一个大市场，政府是一个公共服务性部门，那么政府作为利益主体之一对自身利益的追求以及公务员对个人利益的追求就是正当的，他们在进行利己行为的同时，也为社会提供了服务，为社会整体利益做出了贡献。然而这样的假设与我国所提倡的公权力者是人民公仆的要求是完全背离的，政府本身是公共物品的提供者和社会公平正义的维护者，而不是经济活动的利益方和参与者，政府应当具有超越性。

由于经济活动中奉行的效率优先原则极大地影响了政府的执法活动，因此政府的经济性职能突出而公共职能弱化，社会对执法者认可与尊重的评价依据也发生了重大变化，由从前的大公无私、奉公守法转变为招商引资的数目和经济指标的完成。在“经济发展就是硬道理”的观念指导下，执法活动愈发表现出强烈的经济性，没有良好的执法评价，利他性的道德自然难以生成，也更加难以巩固和强化。

政府的执法活动主要是为社会提供公共服务和维护社会的共同利益，而经济活动主要追求私人或小团体利益，政府过分侧重经济性职能必然导致执法者在执法过程中遭遇市场利己和公益利他的矛盾。与资本主义国家不同，中国的改革是自上而下进行的，市场经济也是由政府直接推动的，在建设初期由于形势所需，政府必须担当推动经济发展的主力，况且市场经济在道德上的非自足性与个人主义价值观的泛滥，客观上要求国家公权力的介入，执法力量对不同利益个体的协调可以起到对社会冲突和矛盾的整体消解与平衡的作用。因此权力在市场中的地位至关重要，但是，随着市场经济的不断发展，政府在市场中的利益主体身份已经不适应时代的发展，市场毕竟是追逐私人利益的领域，而权力总是陷入其中难免会受到私利的诱惑，如果权力本身承载了太多的利益诉求，权钱结合势必使权力失控。执法活动的基本特征是公共服务性，对应的是以公平正义为核心的利他性道德，而如果在政治领域中过分强调效率，要求本应承担公共服务职能的政府必须以经济发展为中心，则必然会催生市场化条件下的一般利己性，公益性的利他性道德难免遭遇生成困境。

但对此困境有学者不以为然，反而对利己与利他的结合充满信心并大加论证，如亚当·斯密在其《国民财富的性质和原因的研究》一书中明确指出人的利己性："我们每天所需的食料和饮料，不是出自屠户、酿酒家或烙面师的恩惠，而是出于他们自利的打算。我们不说唤起他们利他心的话，而说唤起他们利己心的话。我们不说自己有需要，而说对他们有利。"① 而在其另一部著作《道德情操论》中，他又坚信人具有利他性：个人的天赋中总是明显地存在着这样一些本性，这些本性使他关心别人的命运，把别人的幸福看成是自己的事情，虽然他除了看到别人幸福而感到高兴以外，一无所得。这种本性就是怜悯或同情。很明显，亚当·斯密认为人不仅存在利己性，也具有利他性，并主张私利与公益是能够完美结合的。笔者固然也希望如亚当·斯密所述，利己与利他并不是完全对立，而是可以完美结合的，然而回到现实的生活，这种结合必须要充分地考虑所适用的领域，在行政执法领域中，将形式理性中的利己与实质理性中的利他合二为一，并试图消除二者之间存在的必然冲突和矛盾，是最不现实的。世界各国的法律都明文禁止公

① ［英］亚当·斯密：《国民财富的性质和原因的研究》（上卷），郭大力、王亚南译，北京：商务印书馆1972年版，第14页。

务人员从事营利性活动就足以证明这一点，正是考虑到公权力与私人利益勾结的严重弊端，世界各国都做出了共性的规定：禁止公务员从事营利性活动。之所以法律明文禁止公务员经商，对经济领域与政治领域做严格区分，就是为了避免利益集团对政策产生影响以致政策丧失公正性。经济人干预政治往往都从自身利益的角度出发，让经济人参与政府决策，并期冀他们能从有益于全社会整体利益的角度发表意见是不切实际的。在这一问题上，笔者颇为赞同王瑛博士的观点，她认为：以往学者们关于理性经济人悖论的探讨和反思大多倾向于怎样去把矛盾的双方结合起来以取得某种貌似“完满”的效果，具有强烈的道德判断意味，更加合理的解决方案显然并不在于所谓利己和利他的结合与折中，也不在于效率和公正之间的鱼与熊掌式的两难选择。[①]而是将追求利益的经济职能与提供公共服务的政治职能进行有效的分离，公权力不能被物化为商品，公权力寻租是腐败犯罪的原动力。作为“道德人”的执法者务必保持自身的中立性和超越性，这样才能防止私人利益对公权力的侵蚀。

而现实中，许多地方政府对自身职能的定位仍然停留于经济发展职能，片面追求经济利益，对干部的评价与考核仍然以经济指标为主要依据，这势必导致政府职能在相当程度上只是服务于经济，而弱化了公共管理，偏离了公共服务性。当政府职能过分地向经济倾斜的时候，其公共职能不可避免地会受到侵害，导致社会公平正义被忽视。当务之急是必须加快转变政府职能，使政府逐步退出私人领域回归公益性，同时改变以经济指标考核领导干部的工作作风，确保恪尽职守、奉公执法的利他性行为能得到社会的正面支持和肯定，进而进一步激发执法者进行利他行为的积极性。只有使执法者在利他性行为中能真正感受到快乐和满足，并通过制度对这种快乐和满足给予足够的保护，才能激发为他人服务的利他性的道德热情。

① 王瑛：《“理性经济人”与“市民社会”——从唯物史观的立场出发》，博士学位论文，复旦大学，2010年。

三、从道德情绪审视道德缺失与违法

（一）道德情绪的重要性

道德的生成需要经历一个长期而复杂的过程，通常包括道德服从、道德情绪、道德意志三个阶段，其中道德情绪具有十分重要的作用。

第一，道德服从。道德的基本特征是自律，但自律不能凭空产生，必须建立在他律的基础之上，道德他律是道德自律的逻辑前提，道德的产生必然首先受到外部规律和客观要求的制约，这就是服从。[①]在人类社会早期，现实的物质生活条件产生了一种客观需要：只有将经常重复的生产、分配行为用某种共同的规则概括起来，并使每个人都服从这种规则，才能维持人类的生存。摩尔根在《古代社会》中提到的易洛魁人的共同劳动、平均分配、财产继承等氏族习惯都是在一定客观条件下，经过长期的反复实践运用，并得到群体成员的广泛认可与遵守才形成统一的行为模式。道德源于服从，绝大多数人从一生下来起，就被教导尊重父母、知识、地位、权威和法律，尤其权威和法律被认为是合理时更是如此。结果，在社会化的过程中，服从成为人们心理的组成要素和习惯，但服从只是道德他律的初级阶段，只有认识到遵循社会规范的必然性和必要性，从被迫服从向自觉服从转化，才能逐渐实现道德的自律。在此过程中，道德情绪发挥着不可忽视的重要作用。[②]

第二，道德情绪。道德情绪是以心理体验的方式反映主体对客体的一种价值态度，凡是能够满足人的需要的事物就会引起人的肯定性的体验，反之则会引起否定性的体验。道德情绪是某种行为使人产生满意或不满意、光荣或耻辱的一种现实的心理。心理学研究表明，在儿童阶段，人对自身行为有渴望父母认可和赞许，而不愿被父母批评和惩罚的愿望；到青少年阶段，人对自身行为有期待老师、同学褒奖的心理；到成年之后，则希望自身行为能得到社会、家庭的认同和褒扬。这些研究表明，人们都有怀赏畏罚的心

---

① 刘同君：《守法伦理的理论逻辑》，济南：山东人民出版社 2005 年版，第 143 页。

② 陈晓雷：《法律运行的道德保证》，载《学术交流》2011 年第 10 期。

理状态，尤其在儿童阶段，孩子的道德观尚不成熟，为了得到表扬而做好事，目的不过是希望得到老师和同学的赞誉和肯定。这也是一种利益，久而久之，就会相信做好事是正确的道德要求，肯定与褒奖是培养道德情绪的非常重要的方式。社会对某种行为的赏罚评价机制可以使人形成以何为荣、以何为耻的道德情绪，并且这种情绪会在同类行为获得多次同样评价中得到不断强化。如果诚信守法的服从行为受到普遍赞扬和肯定，就会使人对守法行为产生美好的精神体验，守法就会成为自然之举；如果违反法律的不服从行为受到谴责和惩戒，则会使人对违法行为产生厌恶的精神体验，但是如果守法却产生相对被剥夺感，产生不公平或茫然的情绪，那么拜金主义、权力至上的价值观就会乘虚而入。由此可见，道德情绪的产生是对道德服从的重要评价过程。①

第三，道德意志。道德意志是行为主体通过外在的服从以及肯定性情绪的反复体验，在内心深处逐渐形成稳定的价值判断，从而做出坚定的理性选择的精神状态。守法的道德意志的形成基础是行为主体对守法价值的认同，即使没有外力强制也能达到自觉的程度，是道德自律的更高层次，是主体和外部环境不断交流、适应和能动选择的过程。道德意志一旦形成，对于立法、法律适用以及守法等活动无疑都会产生巨大的保障作用。②

在道德生成的三个阶段中，道德服从是道德生成的初始阶段，是受到外力的约束而遵守某一行为模式的他律阶段，道德意志是由于内在的价值认同而自觉约束的自律阶段，而道德情绪则是由道德他律向道德自律的转化过程，在整个道德生成的过程中具有重要的作用。现实中，人的自觉服从尚未形成，仅凭畏惧而守法属被动的他律，极不稳定，加之部分违法行为又催生了道德情绪的负效应，因此，应当高度重视外在环境对行为主体的守法道德生成的影响。当前，必须正视因社会转型和追求效率等因素而引发的贫富不均等，明确这只是发展中的一个过程，它区别于因违法获利而引发的财

① 陈晓雷：《法律运行的道德保证》，载《学术交流》2011 年第 10 期。

② 陈晓雷：《法律运行的道德保证》，载《学术交流》2011 年第 10 期。

富不均衡。必须在多样化的社会背景下努力建构与社会主义核心价值观相统一的法律道德体系，通过自觉服从习惯的培养、肯定性情绪的实践，努力形成坚定的道德意志。总之，道德的生成是一个内化的过程，在此过程中道德情绪的培养是至关重要的，道德情绪的非正当性对道德生成影响重大，道德情绪主要包括荣辱感和公平感两个方面。

（二）道德荣辱感的错位与违法

道德作为判断是非的观念主要来自心理的体验——光荣与耻辱的感觉，而荣辱感主要来源于现实的道德情绪体验。所谓荣誉感是指社会对人的行为给予褒奖时所产生的一种愉快的、肯定性的情绪体验；所谓耻辱感是社会对人的行为给予谴责批评时所产生的一种不愉快的、否定性的情绪体验。从人性需要的视角而言，人都具有被社会认可的精神需要，都希望得到他人的尊重和肯定，而荣誉感正是这种精神需要得到满足的情绪体验，是人的社会性的体现。如果某种行为能够给人带来肯定性的情绪体验，则行为人就会坚定地做下去；反之，如果某种行为给人带来否定性的情绪体验，则此时人就会减弱，甚至停止这种行为。由此可见，荣辱感对规范和调整人们的行为具有重要的作用，但荣辱感不等同于荣辱观，荣辱观通常是由社会统治集团设定的一种价值判断，而荣辱感则来源于现实的体验。从道德生成的规律来看，以何为荣、以何为耻的判断必须首先来自于情绪的体验，形成荣辱感，然后在反复体验的基础上才能逐渐形成荣辱观，荣辱感决定荣辱观。理论上的荣辱观可能尽人皆知，但荣辱观的实际接受却要取决于行为人的切身情绪体验，如果理论上的荣辱观与现实中的荣辱感不一致，则社会倡导的荣辱观与实践中形成的荣辱观就会发生重大偏离。

荣辱感的形成主要通过群体对个体行为的赞许与鼓励或批评与制裁来实现的，并通过反馈机制加以评价。如果行为人在发生某种违法行为后未受到批评和惩罚，就会认可自己的行为并产生愉快的情绪反应，当个体通过违法尝试获得实际利益和愉快的体验时，其非分的需求就会日益膨胀，相应的道德情绪体验就会进一步弱化。[1]当人们在现实中通过“权力寻租”、“嫁富豪”、“傍大款”而轻易地“不劳而获”时，“有权不用，过期作废”、“干得好不如嫁得好”、“少奋斗几年”等不劳而获观念的形成就会成为必然，甚至为许多年轻人所追捧和效仿，其实这正是道德荣辱观扭曲和错位的表现，如果不及时加以控制就会迅速泛滥。如果守法却固守清贫且备受嘲笑，而违法却获得巨额利益且不受制裁，如果道德败坏、泯灭良知的人却能够生活舒适，而道德高尚、奉公守法的人却始终生活窘迫艰难，体验不到诚信守法给自己带来的肯定性体验，则必然会动摇乃至破坏人们原本正当的荣辱体验，逐渐地就会改变原有的社会倡导的荣辱观，而且这种否定性体验的时间越久，对正确荣辱观的消减影响就会越大，道德的堕落就会越快，道德荣辱感就会发生严重的错位。道德荣辱感的错位主要体现为道德荣辱感缺失与道德荣辱感扭曲两种形式。

道德荣辱感的缺失是指对自身需要的重视，而对他人需要的冷漠。与动物不同，人具有社会性，健康的人性应体现为物质需要与道德需要的全面发展且相对平衡，如果需要的次序颠倒，即人的物质需要超越道德需要时，人就会表现出原始的动物性，如杀戮、剥削等。马克思在《1844 年经济学哲学手稿》中指出，在劳动产品的异己性使劳动者陷入痛苦的同时，却给另一个有别于劳动者的存在物带来了财富和快乐。[2] 值得思考的是，使工人陷入痛苦的资本家何以毫无愧疚反而快乐？那是因为，人性中若缺少了对他人需要的尊重，则对他人的疾苦就会表现出极度的漠视和冷酷，资本家正是这种道德缺失的代表，他们可以无视工人的痛苦，却尽享自己拥有的快乐。当前，市场活动中的制售假冒伪劣产品，“瘦肉精”、“毒奶粉”等食品违法案件，企业主恶意拖欠工资、不保障安全生产条件、强迫工人高强度劳动等正是部分经营者良知泯灭、道德缺失的突出表现，这些违法者由于道德的缺

---

① 张华倩、吕瑞萍：《犯罪心理学》，北京：中国检察出版社 1998 年版，第 69 页。

② 马克思：《1844 年经济学哲学手稿（节选）》，载谭培文、陈新夏、吕世荣：《马克思主义经典著作选编与导读》，北京：人民出版社 2005 年版，第 4 页。

失，不仅不会因违法而产生罪恶感，也不会受到良心的谴责，在道德情绪上并没有丝毫痛苦的体验，相反还会因违法行为的获利而感受到舒适和满足。

道德荣辱感的扭曲是指个体道德与社会道德规范相背离，道德的内容完全背离社会的主流，或者是指对一切道德规范的藐视和抛弃，亦称道德践踏。一般来说，人们习惯于认定只注重物质需要并获得巨大物质利益的违法者精神空虚，其实也不尽然，单纯注重物质需要的人未必不重视精神需要，只不过他们的精神需要的内容是背离社会主流的，是扭曲的道德。按照马斯洛的需要层次理论，人的本性就是获得需要的满足，物质需要得以满足后就会产生更高层次的精神需要，这当然包含道德的需要，或者说自我实现的需要。然而对自我实现的需要的理解是一种价值判断，怎样实现自我，不同的人有不同的诠释。有人将拥有巨额财富视为人生成功的标志，抑或获得至高无上的权力是人生价值的彰显，抑或为民族的兴亡而奉献才是人生的终极追求。对从不感觉精神空虚的人谈精神需要毫无意义，对以追逐和占有财富为唯一快乐和满足的人来说，他的精神和道德同样是"丰富"的。价值的有无不是被告知，而是通过现实被表现。价值是客体对主体的满足关系，如果现实中的需要都必须以金钱才能得到满足，那么占有和炫富就会成为自我实现的动机，而奉献和节俭的精神价值在远离生活的无效用中逐渐消失。

现实生活中发生的许多违法犯罪行为往往都是从道德荣辱感的扭曲开始的，当某种环境中充斥的都是以违法为荣、以守法为耻时，即人们的道德观发生严重扭曲时，恶性违法事件的发生也就不足为奇了，其中权力腐败是道德荣辱感扭曲的典型代表。掌握公权力的公务人员，如果追求理想、心存良知却饱受排挤、一事无成；而丧失道德、泯灭良知、臣服官场却可迅速升迁、赢得尊重，这样的现实必然导致人们对权力崇尚的生存态度，进而颠覆权力主体的道德内容，权力腐败也就随之产生。如原河北省委书记秘书李真，他最初也想做个焦裕禄式的好干部，但他发现廉洁奉公被人耻笑而行贿受贿则被提拔重用、官场"笑贫不笑贪"时，他的荣辱感就发生了蜕变，久而久之是非荣辱观念逐渐颠倒,最终走向腐败犯罪的深渊。[①] 权力主体在滑向腐败深渊的过程中,道德思想和是非观念的嬗变是他们最终走向违法犯罪的根源所在,金钱至上、权力至上的思想极大地扭曲了腐败分子的道德观和价值观,物质享受观和糜烂的生活方式成为这类犯罪的一般表现。在完全不考虑国家集体利益而只在乎以权力换取私利的扭曲的道德观的指导下,职务犯罪必然成为当然之举。

(三)道德公平感的缺失与违法

正确的公平观来源于现实中的公平感,公平感是指通过自身劳动而改善生活条件时能够体会到的肯定性的情绪体验,这种情绪体验如果在现实生活中能够得到长期反复实践,就会逐渐形成和巩固;但反之,通过劳动不能实现生活改善时,就很难形成按劳分配的公平体验。从道德教育的角度,公平观的内容灌输往往先于公平感,而公平感的形成又取决于社会实践中的利益分配是否公正。按照社会主义公平观的基本要求,获取利益应当通过合法手段,但现实中违法反而能获得巨额财富,如在国企改制过程中低价转让导致的大量国有资产流向个人,城市房地产建设中因低价拿地、暴力拆迁而迅速壮大的财富阶层,他们的富裕是以社会底层民众的某些公平权利被剥夺作为代价的,这种典型的不公平分配现象必然会激起人们较为广泛而强烈的仇富心理。仇富绝不是因为简单的贫富差距,而是因为获取财富的非正当性。因违法的不正当竞争、公权力商品化,即非权力主体的违法致富与权力主体的腐败致富以及由此造成的起点不公平和过程不公平,是社会不公平感的主要因素。

“不同阶层的收入消费差别在各个社会都是一个基本事实,但是如果是这种差距的形成机制是合法的,那么这种差距就会被认可;如果是不合法

---

① 2003 年 10 月 9 日,河北省高级人民法院对李真受贿、贪污一案做出裁判,驳回上诉,维持一审死刑判决。李真曾任河北省政府办公厅秘书、河北省国税局局长,因受贿、贪污罪被终审判处死刑。他在看守所接受记者采访时发出感慨:“最初涉政时的理想就是要做个好秘书,但最终却走向毁灭,其根源就是我对党的理想、信念产生了动摇。人可以没有金钱,但不能没有信念,丧失信念,就要毁灭一生。”

的，则有可能引发社会矛盾。当前，我国各阶层的收入消费差距大，其中主要是合法收入造成的，但是也有一些不合法、不合理所得对收入消费差距的放大效应不容忽视。由特权或者体制性障碍造成的各类资源、机会的占有差别所导致的贫富分化则是任何社会都难以认同的……所有人对科学家袁隆平等的富裕和奢侈消费都报以赞同，而对于一些官员、私营企业主的高消费则给予强烈抨击。这其实反映了一种社会情绪，即社会成员对贫富分化的形成机制的怀疑和不认可。”① 当前社会中一部分人的先富不是依据市场经济的正常运行而是依据权力或不正当手段，当然极易导致人们产生较为激烈的被剥夺感和不公平感。需要注意的是，当社会多次出现以不公平手段攫取财富的行为，而且未能受到应有惩罚时，多数人的公平感就会严重受挫。起初人们也只是感叹现实的不尽如人意，而公平观本身并没有实质改变，但如果任由不公平感持续发展，长此以往必将严重影响公平观的稳固，甚至最终会因公平感与公平观的长期断裂而导致原有的、正确的公平观发生严重的扭曲和蜕变，简言之，违法的不公平感极易导致公平观蜕变。

生活中的这种现象很值得反思：在劳资关系中，源于劳动成果的被剥夺而产生对剥夺的恨是自然的，然而被剥夺者对剥夺的向往和追求却也是客观存在的，何以工人对资本除了恨也有同样狂热的向往和追求？有多少工人在痛恨雇主苛刻的同时却在梦想着有朝一日自己创办公司做老板，更可悲的是，又有多少曾经受过不公正待遇的劳动者在转换身份后也惊人地表现出同样的悭吝与冷酷。这说明，工人的心理已经不是对不公平的愤怒，而是转变为对于自己不拥有这种机会和权力的一种遗憾，在这样的道德观念下，一旦弱势者获得了强权反而可能导致更为严重的违法。孙立平在谈到社会结构弹性时曾提出：尽管有人也会对腐败和社会不公正等现象不满，但最终是将其归因为“谁让咱没有权力呢”，即把导致社会不公的权力因素归于个人的能力。这样一种话语无疑可以有效地消解社会不满和抗拒意识。然而笔者对此并不持乐观的态度，孙立平提出的这种观点是从维持社会稳

① 陆学艺：《当代中国社会结构》，北京：社会科学文献出版社 2010 年版，第 241 页。

定的角度来分析的，而如果从伦理学的视角，这种对以权力获取利益的向往情绪恰恰正是公平观蜕变的反映，当人们将以特权来谋取私利的手段视为“公平”时，那么权力腐败等违法行为的出现也就“理所当然”了。对于违法获利的现象，人们从起初的愤愤不平逐渐转变为感叹命运不济，感叹自己没有天生的权力和财富，这使得曾经拥有正确道德观念的人也在逐渐放弃甚至改变自己的公平观。面对不公平，他们已经不再感觉愤怒而是以一种羡慕和遗憾的情绪发出“谁让咱没有权力呢”的感慨，这种转变绝不是缓解社会冲突的利好因素，而恰恰表明是实实在在的道德的退步。如果人们能够仇富，至少说明他们心中仍然存有正确的公平观，正因为正确观念的存在，才会使人对违法致富的行为产生不公平感，而如果他们的心理由仇恨转向羡慕，则说明公平观已发生了危险的蜕变。

四、从道德需要审视道德缺失与违法

（一）道德需要的物质基础

第一，物质需要与道德需要。从心理学角度而言，人的需要是人的本能的反应，是人自身的心理属性与自我满足感；从人学的角度而言，人的需要是对自身生存和发展的渴望；从经济学的角度而言，人的需要是现实具体的利益，利益是人类活动的直接动因。马克思指出：“任何人如果不同时为了自己的某种需要和为了这种需要的器官而做事，他就什么也不能做。”[①]需要是人“生产观念上的内在动机”，“没有需要，就没有生产”。马克思从哲学的角度把人的需要分为三个层次：生存需要、享受需要、发展需要；马斯洛从心理学的角度把人的需要分为五个层次：生理需要、安全需要、归属和爱的需要、尊重的需要、自我实现的需要；除此之外，还有物质需要和精神需要的区分，物质需要主要指饮食、睡眠、性欲等生理性需要，精神需要主要指道德、尊严、自我实现等社会性需要。

---

① 《马克思恩格斯全集》第3卷，北京：人民出版社1960年版，第286页。

对物质需要的追求是人类的本能,不需要教育也无须强制人们就会产生追求的渴望,任何时候符合人的物质需要的号召都会得到积极的响应,如中国的土地革命之所以获得拥护,是因为满足了农民对土地的物质需要。新中国成立初期,社会秩序良好并不完全是由于政治意识形态的宣传和道德教育,而是因为生产资料公有制的物质生产方式符合广大人民群众的根本利益,体现了对人民自然性的满足。20 世纪 70 年代末开始的改革开放也正是遵循了自然性是社会性基础的原理,鼓励追求正当的个人利益。改革之前过分强调人的社会性而忽视自然性,提倡"道德性"而忽视"生物性",以群体消融个体,以至于人们不敢追求正当的个人利益。而改革开放鼓励人对物质需要的追求,重视人的自然性,是对人性的一次重大解放。正是因为自然性是人的本能需要,无须激发即生而有之,因此,社会一旦允许这种本能需要的追求,则在瞬间就迅速爆发出巨大的生命力。20 世纪 80 年代,中国掀起下海经商的热潮,个体经济、私营经济蓬勃发展。与此同时,国家选择了与自然性相符的经济体制——市场经济,市场经济正是从人的利己性出发,以利润最大化为目标,以主体独立、地位平等、意志自由等原则为前提,契合了人的自然性的特征。

第二,物质需要满足是道德生成的基础。人的需要包括物质需要与精神需要,需要的满足不断产生新的需要,人的需要是按层次排列,逐级上升的。从需要的产生次序来看,人的物质需要是第一位的,是最基本的需要,是其他需要产生的前提基础,只有物质需要得到满足后才会产生人格尊重、自我实现、社会认同等精神需要。一个"道德"的人首先必须是一个"生物人",只有当低级需要得到满足之后,才会产生更高级的需要,精神需要正是超越低级生理性需要之上的更高级的需要。"人体首先作为一种自然物的存在,就要产生维持存在的自然需要,这些需要同自然界任何生命一样必须得以满足。只有在自然生命得以生存和维持生存的基础上,人才可能现实地展开并丰富着其内在的人性要素。”①

人性正是在人的需要的推动下并根据需要的程度而逐步形成和发展的。同人的需要一样,人性也具有明显的次序性。人性包括自然性与社会性,自然性是社会性的基础,社会性是对自然性的超越,自然性获得满足是社会性产生的基础。由于对人的需要的认识不同,从而对人性的理解也存在分歧。社会契约论者认为,人性本恶,人性自私,所以无所谓道德需要,只是为了避免相互争斗才不得不缔结契约。功利主义者认为,人性是趋利避害、趋乐避苦的,道德上的善恶评价与苦乐密切相关。无论是“社会契约论”,还是“功利主义论”,都具有片面性。而马克思从现实的人的角度出发,提出了科学的人性观,他指出:“人的本质不是单个人所固有的抽象物,在其现实性上,它是一切社会关系的总和。”② 人是最社会化的动物,人只能在社会集体中生存和发展,只有从社会关系出发,才能把握现实人的本性。马克思的人性论超越了以往哲人仅从单个人的抽象物出发研究人的视角,主张人是社会关系的总和,是自然性和社会性的统一。只强调人的社会性,无视人的自然性,往往会以群体消融个体,忽视人的基本需要,就是不尊重人性;只强调人的自然性,忽视人的社会性容易把人贬得过低,从根本上否定人之所以为人的意义。这两种做法都会导致对真正人性的扭曲和对人的虐待。③

强调物质需要的重要性,主要是为道德需要创造现实条件,物质需要的满足是精神需要产生的基础,只有解决了温饱才能现实地去谈论精神需要。皇宫中的人与茅草房里的人对人性的理解自然不同,面临生存困境时,穷人更容易放弃尊严和道德,往往都是物质需要所迫。人对于物质需要的追求具有自然性,不用教育也无须强制就会自然产生,“自利”是人的本性,无所谓善恶,人在被社会化之前,对利益的追求仅仅是出于本能的需要,不存在

---

① 转引自刘同君:《守法伦理的理论逻辑》,济南:山东人民出版社 2005 年版,第 146—147 页。

② 《马克思恩格斯选集》第 1 卷,北京:人民出版社 1995 年版,第 60 页。

③ 张洪春:《现实的人:马克思人性论的基石》,载《肇庆学院学报》2004 年第 3 期。

对自我利益与他人利益的判断，不具有道德性，就如婴儿对食物的需要，即使产生争夺也不能说是不道德的。而物质需要的满足必须通过社会实践活动，在这一过程中必然会打上社会性的烙印，即如何追求物质需要涉及人的社会性，涉及如何处理与他人之间的利益冲突，这不是人与生俱来的。如正当与合法是社会的一种基本道德要求，然而对正当、合法的追求却并非人人都能理性为之，必须通过社会化的教育过程，而且这个过程必然是长期的、持续的，并且必须要有相应的行之有效的具体制度加以制约。

当然，精神一旦被丰富，也会对物质追求产生巨大的反作用，崇高的精神足以使人直面饥饿、贫穷，但是在精神未被充分丰富之前，正视物质需要是人的第一需要才是客观的，反之只谈精神不讲物质就会陷入“唯心”。现实中只有少数人才能做到精神需要对物质需要的超越，表现出忘我的崇高社会性，崇高精神只能产生于少数人，对大众而言不现实，对于大多数社会成员来说，每天的日常生活、柴米油盐才是最直接的，物质需要是第一位的，他们在市场经济遍及生活领域时为了生存努力追求利益以维持基本生活。当社会的制度运行能够满足基本的物质需要时，社会就会保持一种良好的秩序，但一旦制度运行危及人们的物质需要时，多数人的行为表现就会偏向于自然性，此时，如果再缺乏有效的约束机制，那么出现违法犯罪、泯灭良知的情况也就属于自然结果。[①]正如李建华等所指出，道德约束之所以软弱无力，关键在于人们维持和改善自身生活状况的基本需要往往战胜了道德说教的力量。尤其在社会尚未为人们提供充分的公平、合法的谋生机会，而在为非法活动可以更加有利可图而且所冒风险更小的情况下，那种空洞的道德说教在人们谋生需要面前往往显得软弱无力。[②] 因此，道德的培育和发展必须建立在正确认识人性需要的基础之上，道德建设不能超越注重生存利益的客观现实。

---

① 陈晓雷、高晚欣：《当代中国道德对法律的保障性研究》，载《东北大学学报（社会科学版）》2012 年第 6 期。

② 李建华、周小毛：《腐败论——权力之癌的“病理”解剖》，长沙：中南工业大学出版社 1997 年版，第 117—120 页。

（二）立法、执法、司法道德的物质基础薄弱

市场经济有利于激发人的自然性且本身并不必然导致违法，然而以利润最大化为基本特征，以等价交换为基本原则的市场经济本身确实无法给人以精神价值的导向作用。随着住房、教育、医疗等商品和服务的市场化改革，除了保障性住房、义务性教育和医疗保险外，涉及基本生存条件的普通商品房、非义务性教育、大病医疗等人们赖以生存的大部分实际需要都必须通过交换才能获得满足。由于市场规则渗入日常生活，致使生活成本大幅上涨，生存压力不断加重，"市场化改变了人们的基本生活规则，物质条件逐渐成为社会地位和精神满足的重要基础，当人们的物质需要尚不能获得满足时，更高层次的精神需要往往是无暇顾及的。理想、信念、精神需要固然重要，但它与现实的生存条件距离遥远，很难表现出现实的效用"[①]。在市场经济条件下，商品交换成为生存的基本方式，生活规则的改变影响了所有人的生活，包括立法者、执法者和司法者，而他们在工作领域之外也是一个需要生活的普通人，也有基本的生存需要保障。

市场经济改变了社会的基本生活规则，而权力主体也要受到客观生活规则的制约。正如贺卫方所说：法官是一个活生生的人，他要有房子住，有工资发，要报销差旅费，生了病也要上医院，不仅每年拨款不能得罪财政局，家属农转非不能得罪公安局，买地建房不能得罪城建局，生活用电不能得罪供电局，法官在处理案件时屈从或自觉服从法外权力必然要牺牲正义，非正义的司法又必然伤害民众对司法制度的期待。[②]即使一个遵纪守法的干部也要面对住房、医疗和教育的重担，脱离开政治领域的权力主体也是普通人，他们的生活基本开支，住房，子女上学、就业，医疗等也要通过市场来获取，认为他们可以不受市场观念的影响是不符合实际的。虽然市场经济本身并不必然导致权力的腐败，但是当权力主体面临生存需要，而权力又能够

---

① 郑永廷、张彦：《德育发展研究——面向21世纪中国高校德育探索》，北京：人民出版社2006年版，第119页。

② 李本森：《法律职业伦理》，北京：北京大学出版社2005年版，第281—282页。

通过非正当手段有效地改善私人生活时，权力与利益的结合就会产生巨大的诱惑力。既然极端利己主义能够催生非权力主体的损人利己、唯利是图，同样也会引发权力主体的腐败和权力寻租。“政治领域内出现的‘官场化’蔓延至日常生活，公权力领域内出现的腐败成为了私人生活获取、扩张、占有资源的最有效途径。在这样的背景下，腐败已经不是一个单纯的道德/不道德、合法/犯罪的问题，腐败有了它的‘合理逻辑’。”①权力主体所处的政治环境使腐败成为一种生存的手段，腐败被去道德化了，腐败成为日常生活实践中的“正常逻辑”，而现实生活的逻辑最能影响和动摇人的道德，价值观的扭曲和蜕变也就成为自然的结果。

从腐败者结成利益联盟、个体丧失反抗能力来看，当制度赖以运行的基础社会秩序瓦解，当人们正常的需求不得不通过腐败才能获得时，腐败已成为一种生活方式，而当人们不得不去适应这种生活方式时，腐败就逐渐成为社会中一种被人们公认的生活价值。更为严重的是，权力腐败在向整个社会蔓延，形成行业腐败，腐败的“正当性”在增长。“当一种腐败的潜规则已经形成，当人们的正当需求不得不用会助长腐败的方式来满足的时候，当人们在口头上谴责腐败而在行动上不得不向腐败低头的时候，意味着人们对于腐败的默认。”②生活方式影响人的道德观念，人们逐渐地对腐败产生羡慕之情，“我们已经学会了嘲弄清廉的正直，学会了压制纯洁的善良，我们成了正直道德和良好品德的扼杀者”③。如果面对罪恶时处于一种无能为力的状态，如果与罪恶的对抗要付出极大的代价，如果对抗罪恶的努力得不到公权力的支持，甚至还会为此受到惩罚，则道德底线就会失守，冷漠就会成为多数人的必然选择。④那些曾经品德高尚、为国家做出过贡献，但囿于政治环

① 王启梁：《迈向深嵌在社会与文化中的法律》，北京：中国法制出版社2010年版，第67页。

② 孙立平：《重建社会：转型社会的秩序再造》，北京：社会科学文献出版社2009年版，第205—206页。

③ 孙立平：《重建社会：转型社会的秩序再造》，北京：社会科学文献出版社2009年版，第206页。

④ 孙立平：《重建社会：转型社会的秩序再造》，北京：社会科学文献出版社2009年版，第180页。

境的现实压力而逐渐蜕变和堕落的人也是环境的牺牲品。当然，作为个体并不是完全没有反抗环境的能力，但是个人在政治环境中毕竟是弱小的，众多正直、有道德的个人的出现有赖于制度的支持和塑造，只有少数人才可以做到超越自己所处的环境，官场在事实上塑造了大部分人的生存态度。

总之，道德的培育离不开现实的物质利益基础，权力主体的道德与稳定的生存条件存在密切的关系，尤其是当某一环境中的腐败已逐渐演变为一种生存必需的规则时，权力主体的道德观念就会发生错位和扭曲。只有给予权力主体生存必需的制度保障，阻止权力与私人生活的双向恶性互动，才能真正改善权力所处的环境，引导权力主体的利他性道德，进而减少腐败犯罪的发生。

（三）弱势群体守法道德的物质基础薄弱

所谓弱势群体，是指经济上的低收入性、生活质量上的低层次性、政治上的低影响力和心理上的高度敏感性的特殊社会群体，如长期的失业者、低保户、低收入的农民工、路边小商贩、失地农民、流浪无着人员等。由于收入低微或经济来源不稳定，为了解决基本的温饱问题，他们极有可能抛弃道德的约束，解除对谴责和制裁的畏惧，冒险进行违法犯罪的活动。从人性需要的角度来看，无论守法还是违法都与人的需要满足密切相关，对于弱势群体，如果连维持基本生存的物质需要都不能得到满足，又怎能要求他们在饥饿的状态下形成并保持高尚的道德品质呢？此时做出违背道德甚至违法的行为就不足为奇。近年来发生的底层弱势群体的违法犯罪案件，如城管与摊贩的冲突，反映的正是社会管理与底层弱势群体谋生机会的冲突问题。① 如果只有“无照经营”，违反管理法规，才能在沉重的税负下养家糊口，则无照经营的违法行为也就不难理解了。如果社会的管理是以牺牲弱者的生存机会为代价，那么弱者为了生存而做出对抗性的违法行为也就找到真正原因了。除此，为亲人治病而抢劫犯罪，捡垃圾的老汉为争夺废品而互相殴

① 2006年8月，北京无照经营的小商贩崔英杰暴力抗法，持刀刺死城管李志强。

打，农民工为讨要工资而愤怒杀人案件等都是在艰难的生活面前，在基本生存手段极度匮乏的前提下发生的。还有诸多受伤者诬告好心人的事件更加值得反思，诬告者的道德沦陷已经毋庸置疑，但在谴责他们丧失良知的同时，更需要反思的是，他们的道德何以沦陷至此？孙立平认为：因为他们没有更多的资源来抵御这个沦陷的过程，他们面对的是这样一种情境：如果承认救人者是恩人，则自己将承担根本承担不起的医疗费用；而如果恩将仇报，意味着可以将这笔承担不起的医疗费用转嫁到一个无辜的但在经济上可能比他强得多的人头上。[①]还有好心的律师周立太为农民工代理打官司，而农民工在胜诉后却违背道德拒付代理费，这也充分反映出在生存的艰难面前，人们往往选择生存而放弃道德。抛开部分为富者的道德冷酷，穷困者身上所体现出的道德缺失有时更加令人震惊，匮乏的资源、狭仄的生存空间，会从根本上扭曲人们的价值与是非观念。

“只要直面生活，谁也无法否认这样一个基本事实：没有一定的物质财富，有时连做人的尊严都难以得到保证。人格的完整，生命的维持，存在的尊严，潜能的发挥，事业的成就，生活的美好，都需要有一定的物质条件为前提。必要的物质财富，既是肉体存在的条件，也是美德的养料，更是人健康生存与发展所不可缺。”[②]经济基础决定上层建筑，人类社会的道德水平总是受到同时期的经济水平的影响，物质需要的满足在很大程度上制约着人们精神道德的生成。“仓廪实而知礼节，衣食足而知荣辱”，道德的生成需要经济作为基础，要尊严还是要面包的选择是人的自然性和社会性的冲突。按照马克思唯物主义的观点，生存需要的满足即自然性是第一位的，道德需要的满足即社会性是第二位的，只有在生存需要得以满足的基础上才会产生道德精神等更高层次的追求。所谓的“人穷志短”所表达的也正是道德的生成必须以物质需要的满足为基础的道理。面临着生存与道德的选择时，

---

① 孙立平：《重建社会：转型社会的秩序再造》，北京：社会科学文献出版社 2009 年版，第 172—173 页。

② 宋希仁：《道德观通论》，北京：高等教育出版社 2000 年版，第 214 页。

我们很难毫无怜悯心地去谴责那些迫于生活而牺牲道德去换取面包的人，尤其是底层的弱势群体。当然，社会中不乏道德情操高尚之士，他们为了道德宁愿放弃面包甚至生命，他们意志坚定，能够在困难和诱惑面前坚守道德的高尚与纯洁，但在人类社会中，精英式、大公无私式的人毕竟是少数，对大多数普通的社会公众而言，面包往往都是首要的，道德的选择不能总是触及人们生存的底线。正如苏力所说：道德不是依靠传授，而是取决于个人化的实践，是在社会生活中逐步内化的。只有那些视牺牲物质利益具有更大价值的人才有可能坚持道德实践，但作为一个现实主义者，只能希望却无法使社会上绝大多数人这样做。[①]邓小平同志也表达过同样的观点：只讲精神不谈利益，短时间可以长时间不行。对大众的要求应当尊重客观的生存现实，对多数人而言，他们不大可能去关心那些与生活利益无关的东西，人们在面临生存压力时，往往会做出有利于生存的选择，即使知道怎样选择是合法、合乎道德的，怎样选择是违法、违背道德的，但如果合法、合乎道德的选择不能满足必要的生存需要，谁还会选择呢？即使在艰难的选择之后，在长期的矛盾中又有多少人能够坚守下去呢？笔者始终相信社会大众是具有基本的善恶、美丑和是非观念的，只是在不得已时才会选择对道德的舍弃，尤其是那些生活在社会底层的弱势群体。

恩格斯指出：一切道德归根到底都是当时的社会经济状况的产物，“人们自觉地或不自觉地，归根到底总是从他们阶级地位所依据的实际关系中——从他们进行生产和交换的经济关系中，获得自己的伦理观念”[②]。当要尊严还是要面包的问题发生冲突时，底层的人们往往会屈服于面包而选择放弃尊严，不是每一个人都能要得起尊严的。这里就出现了一个问题，为什么尊严和面包总是处于一种对立的状态，而不是一种和谐的关系？这是因为制度出现了问题。从法律制度的角度来看，当法律所要求的秩序与现

① 苏力：《制度是如何形成的》，北京：北京大学出版社 2007 年版，第 59—61 页。

② 恩格斯：《反杜林论》，载《马克思恩格斯选集》第 3 卷，北京：人民出版社 1995 年版，第 434 页。

实的生存规则产生矛盾时，在此基础上建立的法律就不可能得到有效的遵守。一方面市场要求人们通过交换获取生存条件，另一方面又要求人们遵守法律，而在某些情况下遵守法律的结果很可能就是生存条件的丧失，如此又如何使人们严格遵守？其中以城管与小商贩之间的矛盾最具代表性。[①]小商贩的行为的确违法，破坏了城市的管理秩序，但是基本生存机会被剥夺只会导致严重的对抗和冲突，在基本生存机会被剥夺的基础上去谈道德的沦陷与法律的遵守是缺少说服力的，与城管的冲突是低收入群体的生存性反抗，本不该出现矛盾的城市管理与谋生之间产生制度上的尴尬。底层弱势群体道德沦陷的原因并不是道德本身，而是社会结构即经济状况决定了底层弱势群体道德的沦陷。为此，必须从保障底层弱势群体的基本生存条件的制度性建设入手，只有保护和改善底层弱势群体的生存状态，保障其生存的机会和向上流动的渠道，才能有效地避免道德沦陷及违法行为，解决生存和守法之间的矛盾，这其中，首要的是社会保障制度的完善。

五、从制度引导性审视道德缺失与违法

（一）制度对道德的引导性

对物质需要的追求是人的本能，而道德需要不同，人天生并不知道应如何对待自身与他人的关系，不知道应采用何种方式来获得需要的满足，即人的社会性的形成不是自发的，而是取决于社会对人的本能特性的平衡与纠正，主要体现为教育和社会环境。由于教育者本身也生活于社会环境之中，其道德观念必然受到环境的影响，因此社会环境相对于道德而言更具基础性。费尔巴哈称“人是教育和环境的产物”，其错误地将教育者凌驾于现实环境之上，而教育本身根本无法摆脱环境而独立地塑造人性。由于社会存在决定社会意识，作为社会意识的道德的生成就必然要依赖于现实的物质

① 崔英杰是一个经营烤肠艰难谋生的小商贩，而海淀城管监察大队海淀分队副队长李志强是一位恪尽职守的城管人员。2006 年 8 月 11 日，李志强在查处无照商贩崔英杰时，崔英杰持刀暴力抗法，李志强被刺身亡。

基础——社会环境，客观的社会环境必然产生与之相应的道德思想。马克思曾深刻地指出："既然人是从感性世界和感性世界中的经验中汲取自己的一切知识、感觉等等，那就必须这样安排周围的世界，使人在其中能认识和领会真正合乎人性的东西，使他能认识到自己是人。既然正确理解的利益是整个道德的基础，那就必须使个别人的私人利益符合于人类的利益。……既然人的性格是由环境造成的，那就必须使环境成为合乎人性的环境。"① 社会环境主要体现为具体的社会制度和由此形成的社会氛围，环境对道德的影响主要体现在通过制度的制定和运行来实现制度本身的价值引导和渗透，制度是社会公认的共同遵守的规则，制度具有强烈的道德引导性，也称制度伦理。

制度伦理通常包括两方面内容：一是包含道德精神和道德理念的社会基本制度，如所有制制度、分配制度、经济运行体制等经济制度，以及政治制度、文化制度、法律制度等；二是直接的道德规范，如公民的基本道德规范、职业道德规范等。以往的道德研究多是从第二个方面入手，重点探讨道德规范本身的合理性，而事实上，任何制度体系中的主体部分都应当是直接规定与调节经济、政治和社会生活中基本利益关系的那一部分，即制度伦理中的第一方面——社会基本制度。这是因为，道德规范本身只是使人了解道德应当是什么，而不能使人切实感知道德的存在，道德不是科学知识而是一种价值判断。只有道德理想和价值判断得到现实社会生活的制度支持，社会倡导的道德规范与现实生活制度所引导的社会经济、政治和文化生活秩序相一致，才能真正引导与制度相适应的道德生成。美国新自然法学派的代表人物罗尔斯在《正义论》中指出：正义与善具有统一性，它们是法律的基础。正义原则实际上是一种伦理原则。社会正义问题是社会制度问题，包括政治制度、法律制度、经济制度以及用何种方式分配基本权利、义务与社会合作成果等。在现实生活中，绝大多数人总是自觉不自觉地按照社会制

① 转引自宋希仁：《道德观通论》，北京：高等教育出版社2000年版，第233页。

度设定的道德范围来实践自己的道德行为。[①] 在计划经济体制下，大公无私、重义轻利的道德行为是人们的自然选择，而在市场经济体制下，承认并追求个人利益成为普遍而正当的道德实践。事实说明，道德的形成绝不是单纯道德教育的结果，而是取决于社会基本制度的价值导向，制度本身不是意识形态，但是制度具有价值引导的作用，通过制度能够反映一定的思想和精神。制度如果偏重于效率，则公平的道德精神就会衰落，无论主流宣传对公平的价值有多么重视。正如托马斯·莫尔在《乌托邦》中指出，人们之所以往往依附于原始本性，难以通过理性和自律发掘出向善的本性，是因为私人所有制的存在。而私人所有制的标志就是对货币、金银财富的追求。所以，要使理性行为占主导，就必须改变制度环境，即建立公有制。[②]因此，有必要从制度设计出发，通过制度来引导社会所需要的道德思想和价值观念。

道德的形成和培养需要制度的引导，我国现行的社会基本制度对道德的引导尚存在诸多不足，道德缺乏与具体制度的结合是导致道德缺失的一个重要原因，道德源于人们基于制度的社会实践，如果不改善制度环境，道德的生成就会遭遇阻碍。诚如邓小平同志所说："制度好可以使坏人无法任意横行，制度不好可以使好人无法充分做好事，甚至会走向反面。"[③] 如前所述，在对道德缺失的原因分析中，道德的利他性和道德情绪的正当性都是影响道德生成的重要因素，而利他性和正当性在具体社会制度中都缺少充分全面的引导，尤其是政治制度和司法制度。因此，必须从完善社会制度入手，使道德与引导道德生成的具体制度紧密结合，提供人与人之间良性互动的制度条件，以合理的社会制度来支持、引导、维系和保障良好的道德情感，进而有效地消除违法的思想根源，促进遵纪守法的社会风尚。只有加强制度建设，发挥制度的引导功能，将社会弘扬的道德观念转化为具体的社会制度，才能切实激发利他性道德的生成。

---

① [美]罗尔斯：《正义论》，何怀宏等译，北京：中国社会科学出版社2001年版，第62页。

② 任大川：《道德困境与超越——精神、秩序及私欲》，南昌：江西人民出版社2011年版，第56页。

③ 《邓小平文选》第2卷，北京：人民出版社1994年版，第333页。

（二）政治制度对执法道德引导不足

在政治领域中，执法活动的基本特征是公共服务性，对应利他性道德，但现实中，政治活动过分地介入市场，导致政府职能偏离公共服务性，过于侧重于经济性职能，出现土地财政、权力（如审批权、许可权、处罚权）商品化等现象。在具体制度方面，存在业绩考核、干部任免以经济业绩为主要评价指标，且只对上负责不对下负责，出现了权力运行不透明、官员财产公开化不足，以及行政问责不到位等问题，这些问题都在很大程度上影响了为人民服务的利他性道德的生成。

第一，干部任免与业绩考核制。由于现行制度对干部的任免采取上级任命的方式，这使得干部在实质上只需对上负责，而不需对下负责，从个人发展升迁的角度考虑，往往更注重政绩而不关注民生。干部的职责本应是为人民服务，但如果对下不负责，就会导致为人民服务的利他性道德引导不足。同时，由于干部选拔、任用、罢免的权力也相对集中，往往被少数人控制，这对于权力者加强对其他人员的控制力和操纵度，以及对权力的滥用创造了可能。在干部业绩考核方面，政府往往以 GDP 的增长率作为衡量地方官员政绩的主要指标，干部考核标准经济化的考核制度必然将干部引导到重视经济上来。由于工作考核的指标经济化，导致许多领导干部不考虑惠民，也不考虑安居，而是大搞面子工程、形象工程，如某地乡政府就以经济指标任免和考核干部。乡政府以发展苹果产业为名非法占用农田，不许农民种麦子，强令农民必须种苹果，并将干部考核与“苹果业绩”挂钩，强调“以果看干部，以果用干部，果园出干部”①。还有的地方甚至将官员的考核都集中在招商引资这种单一的指标上，甚至政法、共青团、妇联等部门也都有“定额”任务。在这种情况下，政府公共职能受到侵害就是必然的结果。

第二，权力运行与财产公开制。在政治领域中，客观认识权力腐败的道德根源是十分重要的，腐败绝不是简单的刑事犯罪，刑罚的作用旨在对腐败

① 2011 年 11 月 27 日中央电视台《焦点访谈》节目《当麦子遇到苹果》。

犯罪的事后惩罚,而不是针对权力本身的运作过程。权力在日常运作过程中滋生腐败,法律难以单独控制腐败的困境也正在于此。人并不必然成为有道德的动物,许多腐败分子都是从两袖清风的廉洁干部逐渐蜕变为道德堕落的违法分子,他们的道德沦丧过程具有高度的共性,那就是权力腐败都离不开权力主体所处的制度环境。当腐败成为一种生活实践,法律预防和控制腐败的能力就会严重丧失,而导致腐败成为生活实践的正是在于权力的日常运行制度,不可否认,我国的权力运行制度最主要的问题就在于权力相对集中且在行使过程中公开不足。在2008年全国两会结束时的记者会上,温家宝总理就明确指出:造成腐败的原因是多方面的,其中最为重要的一点,就是权力过于集中,而又得不到有效的制约和监督,这就需要改革我们的制度。要推进政治体制改革,减少权力过分集中的现象,加强人民对政府的监督。今后,凡属审批事项,特别是涉及人民群众利益的,都要实行公开、公正和透明。在权力相对集中的情况下,公开权力的运行过程是保证权力不被滥用的最好方法,权力运行过程的公开程度不足直接阻碍着社会公众对执法权的有力监督。

另外,官员财产公开制至今仍未取得突破性进展也是导致执法权被滥用的原因之一。关于我国官员财产公开问题早在20世纪80年代末期就已提出;1994年八届人大常委会将《财产申报法》正式列入立法规划;1995年4月,中共中央办公厅、国务院办公厅发布了《关于党政机关县(处)级以上领导干部收入申报的规定》;2010年7月,中共中央办公厅、国务院办公厅又印发了《关于领导干部报告个人有关事项的规定》等。关于官员财产申报的内容与范围不断丰富和拓展,但时至今日,我国的官员财产公开仍然停留于只申报,但不充分公开的阶段,虽然各地都有推行官员财产申报并公示的制度,但大多将财产公示的范围局限于党组织内部,而不对社会公众公开,公开范围十分有限。公开本应是全部的公开,而不是局部的公开,是面对公众的公开,而不是面对组织内部的公开,不对社会公众公开显然不利于公众的知情权和监督权的行使,也不能真正实现对财产公示制度本身的约束,也达不到限制权力滥用的目的。还有,在官员向组织申报财产时,组织并没有进行详细的核查，审核制度的匮乏是导致财产申报制难以发挥有效监督作用的又一重要原因。

第三，权力监督责任制。执法不仅包括权力的行使，也包含对权力行使的监督。对权力行使的监督主要体现在对监管不力的责任制度上，包括工程质量的监管责任制、食品安全的监管责任制、国有资产流失的监管责任制等重要领域。以国有资产流失问题为例，有关国有资产分配方面的违法行为的根本原因在于，国有企业嵌入其中的腐败的社会关系严重扭曲了国有企业的运行机制。正是由于权力的腐败，理论上所有者并不缺位的国有财产在实践中成了“无主”的财产。① 还有频发的食品安全违法案件等，监督不到位、监管不力是导致违法的重要原因之一。而监管是否有力与监管者的道德素质密切相关，监管者的道德也需要制度加以引导，如果监管不力的责任制度不能发挥引导道德生成的作用，那么监管也就难以取得实效。就纪律检查制度而言，党的纪检系统本身也是政治制度的一部分，尤其是下级和基层的纪检部门，纪检人员本身的道德也制约着监管的有效性。就总体而言，我国关于监管不力的责任制度还不完善，主要体现为对监管不力的制裁过轻。

总之，现行制度过于突出经济性，必须通过制度的引导，确保政府回归公共服务的职能，同时以公平的考核制度来引导权力主体的道德生成，只有积极转变政府职能、改革干部选任制、完善财产公开制、强化行政问责制、控制权力的日常运作、阻止公权力与私人生活的双向恶性互动，才能真正改善权力所处的制度环境，引导利他性的执法道德生成，进而减少腐败犯罪的发生。

（三）司法制度对司法道德引导不足

第一，司法选任制对道德素质要求不严。从世界各国对司法者的素质要求来看，司法者的基本素质必然包含道德素质和业务素质两个方面。业务素质是司法者知识和能力的总和，道德素质是司法者的品格、道义、良知、

① 孙立平：《博弈：断裂社会的利益冲突与和谐》，北京：社会科学文献出版社 2006 年版，第 126 页。

德行的总和。由于司法是维护社会公正的最后一道屏障,因此司法者本身的道德品行必然成为各项素质中的首要要求,现实中的司法腐败或司法不公无不与司法者的道德败坏密切相关。然而,我国当前较为重视的恰恰是对司法者业务素质的要求,自2002年开始的全国统一司法考试制度,在选任业务素质合格的司法人员方面的确发挥了积极的作用,司法人员的业务素质普遍较高,但同时另一个问题也更加突出,即对司法者道德素质的把关尚缺少更为严格的制度。尤其是高校在读的法学专业的大学生,都将通过司法考试作为走向法律职业的一个重要标志,但鲜有学生愿意花时间去深入思考,作为一个司法者应当具备何种素质和品行,应当秉承何种职业的理念和操守,面对社会的种种利益诱惑和不良思想侵蚀,应当如何独善其身、保持本色。当下,我国司法机关中仍有部分人员在市场经济的大潮中未能经得住腐化堕落思想的侵蚀,滋生拜金主义和个人主义,并且这种思想还逐步影响并腐蚀了新入司法队伍的人员。

第二,司法不独立使司法道德缺乏制度保障。司法活动的独立性主要体现为司法人员的选任独立及司法活动的财政经费独立,但长期以来,我国的司法体制在这两个方面一直严重受制于行政,司法独立难以真正实现。一方面,司法机关财政经费的划拨和使用不独立,没有独立运行的经济基础,严重依附于地方政府;另一方面,司法人员的选任和管理不独立,司法系统本身没有人事任免的独立权力,法院院长、副院长的产生都不同程度地受到司法行政化的影响。是故,司法审判权的行使总难免会受到来自政府方面的“过问和关注”,政府部门通常的要求多是审判结果必须考虑社会的稳定。现实中,许多完全符合立案条件的民事纠纷却偏偏被司法机关拒之门外,没有任何拒绝的法定理由,也不出具任何书面的不予受理的法律文书,最多的回复只是一句由于政府的指示,法院也必须要考虑社会的整体和谐与稳定,司法权对政府的严重依赖可见一斑。没有真正的司法独立制度的支持,司法公正的落实自然增加了难度。①

① 陈晓雷:《构建法律道德的正义基础》,载《黑龙江社会科学》2011年第3期。

第三，司法审判公开不足。公开是最好的防腐剂，司法审判公开制在我国虽然早已存在，但仍存在诸多不完善之处。我国的审判公开制存在框架粗糙、弹性过大、不具操作性等问题，在具体的公开范围、公开形式、公开对象、公开时间等方面仍然缺少明确规定。中国社科院2013年编写的《中国法治发展报告No.11(2013)》指出：当前司法机关的公开，没有系统制度依据，公开水平落后于政务公开，司法机关工作人员公开意识普遍较低，甚至抵触公开或者以种种借口回避公开，司法公开力度难以适应提升司法公信力的要求。[①] 具体到审判环节，"审判公开并不彻底。虽然审判在理论上是公开的，但是许多法院庭审时不允许录音录像，未经法院和当事人同意不允许新闻媒体介入和报道，致使监管的操作性大为降低"[②]。司法权力运行过程的公开程度不足，严重制约了公众对司法权行使公正性的社会监督。

第四，法官的错案追究制尚不完善。如果违反司法道德规范的成本过低、制裁过轻、缺少有效的惩罚机制，就会严重损害司法的权威性。在司法实践中，我国的错案追究制尚不完善，主要体现为对错误判案的司法者惩罚过轻，司法者违反道德规范的行为往往不被追究或制裁轻微。在司法裁判的过程中，需要运用道德观念来对案件事实和证据进行审查判断，如果法官以与社会主流完全相悖的道德观念对案件做出裁判，则理应受到违反道德规范的最为严厉的制裁。如2007年的南京彭宇案，抛开此案的客观事实不谈，单纯以主流道德观对行为进行推理这一部分，该案法官与社会主流道德观完全相悖的推理着实令人震惊，一个严重违反道德伦理、对社会道德造成恶劣影响的司法行为，最终的处理结果竟然只是调离工作岗位，责任的轻微必然导致人们对践踏道德的轻视。因此，错案法官是否存在妥善的退出机制，出口是否畅通，是否还应辅以其他更为严厉的惩罚措施，都是未来司法体制改革的重点内容。

---

① 来自2013年2月出版的《中国法治发展报告No.11(2013)》。

② 陈晓雷：《构建法律道德的正义基础》，载《黑龙江社会科学》2011年第3期。

第五章 加强法律运行道德建设的实现路径

本章在总结道德缺失原因的基础之上，提出加强法律运行道德建设的实现路径，主要包括五个方面：第一，应提高法律运行主体的道德素养。良法能否被合理制定、公正执行、正确适用以及严格遵守，都要取决于法律运行主体的道德品行，因此必须以社会主义核心价值观为法律运行的道德基础；建立道德赏罚制，全面提高公民的道德素质；同时加强执法者与司法者的道德建设，发挥示范作用。第二，要加强立法道德建设。在立法过程中应充分弘扬道德公平，应加快完善财政支出立法、税收立法和教育立法，实现再分配环节的道德公平；同时要进一步完善立法程序的民主性与公开性。第三，要加强执法道德建设。通过转变政府职能，弱化经济性，增强公共服务性，建立超越性政府；同时改革干部任免制和业绩考核制，落实权力运行公开制和官员财产公开制，建立连带责任制，以引导权力道德的生成。第四，要加强司法道德建设。通过完善司法独立制、法官选任制、司法审判公开制、错案追究制等一系列司法制度，以保障司法公正；同时，建立司法职业保障制，奠定司法权力正当行使的物质基础。第五，要加强守法道德建设。通过加大违法成本，培育经营者的守法道德；通过提高劳动收入比重，培育劳动者的守法道德；通过完善社会保障制度，培育弱势群体的守法道德；通过树立道德信仰，培育社会主义公民的守法道德。

一、提高法律运行主体的道德素养

（一）以社会主义核心价值观为法律运行的道德基础

在法律运行的道德建设中，社会主义核心价值体系始终处于指导地位，坚持马克思主义指导思想，树立中国特色社会主义共同理想，弘扬以爱国主义为核心的民族精神和以改革创新为核心的时代精神，坚持社会主义荣辱观，是保障社会主义法律有效运行的重要道德基础。

第一，明确法律运行中道德的社会主义性质。法律运行需要的道德因社会制度的不同而呈现意识形态上的本质差异性：首先，马克思主义是社会主义法律的道德基础。法律道德的最高价值目标为公平正义，社会主义法律的正义内涵与西方国家明显不同。只有社会主义法律才能体现公有制的经济基础，体现多数人的正义，实现人的真正自由和平等，从而才能在道德意志的层面实现真正的自律。其次，集体主义是社会主义法律的核心内容。社会主义法律坚决反对极端个人主义引发的腐败现象，严厉打击由拜金主义滋生的违法行径。社会主义法律一方面保护合理正当的个人利益，另一方面又明确要求个体利益必须服从集体利益。任何以个人利益来抹杀或取代集体利益的行为均不符合社会主义法律的核心内容。再次，执法为民是社会主义法律的本质要求。社会主义执法工作始终“相信人民、依靠人民、为了人民”，人民性是社会主义法律运行的思想之基，法律绝不能成为少数人谋取利益的工具，执法为民是法律运行保持正确方向的根本保证。最后，“八荣八耻”是社会主义法律的基本道德规范。社会主义法律道德要求以勤俭为荣，以奢侈为耻，这与西方的消费主义、享乐主义完全不同。知耻是道德的情绪体验，是守法的最后防线，只有在道德上知耻才能使守法更加稳固和持久。①

第二，以马克思主义世界观、人生观、价值观作为法律运行的指导思想。

① 陈晓雷：《法律运行的道德保证》，载《学术交流》2011 年第 10 期。

首先,马克思主义中国化的重大成就之一就是将社会主义制度与市场经济创造性地结合在一起,并产生了巨大的生产力。为保障社会经济的稳步发展,社会主义法律必然要服务于国家发展经济的大局,建立起与社会主义市场经济相适应的道德体系,倡导诚信、创新、合作的道德理念。其次,必须以社会主义核心价值观为法律运行的指导思想,将中国特色社会主义共同理想作为法律运行的根本精神动力,必须坚决抵制极端个人主义,正确处理个人利益与集体利益的关系,从而才能从根本上杜绝腐败和违法乱纪。再次,大力加强社会主义荣辱观的制度性建设,建立稳定的荣辱体验。社会主义荣辱观作为法律道德的精神基础贵在落实,只有在制度层面建立起完善的奖惩措施,对善举给予及时的奖励,对恶行给予坚决的惩处,才能在道德情绪层面真正形成肯定性的荣辱体验,进而通过反复持续性的实践和应用不断强化,最终形成坚定的道德意志。①社会主义市场经济超越传统的自然经济和计划经济之处就在于,它孕育并倡导平等、自由、独立、创新的道德精神,中国特色的社会主义法律体系正是建立在社会主义市场经济的背景下,为服务经济发展和人民幸福而运行的时代精神当然应当成为社会主义法律的道德基础。②

(二)建立道德赏罚制,全面提高公民的道德素质

法律获得普遍遵守是法治的重要特征之一,然而法律的作用是外在的、被动的,只有当它被理解和接受后才能变成内在自觉的东西,而公民道德素质的提高正是实现法律内化的必要条件。党的十八大报告指出:“全面提高公民道德素质。这是社会主义道德建设的基本任务。要坚持依法治国和以德治国相结合,加强社会公德、职业道德、家庭美德、个人品德教育,弘扬中华传统美德,弘扬时代新风。推进公民道德建设工程,弘扬真善美、贬斥假恶丑,引导人们自觉履行法定义务、社会责任、家庭责任,营造劳动光荣、创

---

① 陈晓雷:《法律运行的道德保证》,载《学术交流》2011 年第 10 期。

② 陈晓雷:《法律运行的道德保证》,载《学术交流》2011 年第 10 期。

造伟大的社会氛围，培育知荣辱、讲正气、作奉献、促和谐的良好风尚。”[①]公民道德建设的关键就在于应通过制度化的措施催生正向的道德情绪，继而以正向的道德情绪积极推动公民道德义务的自觉履行，如最美妈妈吴菊萍[②]、最美教师张丽莉[③]等，而道德赏罚制无疑是促使公民知荣辱、讲正气的有效制度之一。

如前所述，由于道德情绪的扭曲，许多人在现实中丧失了感知是非、荣辱的能力，在社会主义荣辱观的倡导中，“八荣八耻”的内容虽早已深入人心，但是落实在实际的情绪感知上，荣辱感与荣辱观却相差甚巨。对于执法犯法，许多人不仅不认为是耻，抑或即使认识了也不会感觉到耻，这种在精神层面的无压力、无愧疚感正是违法犯罪的危险前提。人们何以丧失了感知羞耻的能力，这是因为“耻”的感觉是社会氛围给予的，如果社会氛围不能给予，则“耻”就不存在了，如果社会氛围普遍“笑贫不笑娼”则娼的“耻”就不存在了，就正当化了；如果社会氛围普遍“笑廉不笑腐”则腐败的“耻”也就不存在了，就去道德化了，此时再谈道德的荣辱观就太过苍白了。由此可见，人们对荣誉和羞耻的感知，社会氛围是至关重要的。当前部分人道德观念发生扭曲，在很大程度上都是源于现实中负面的道德情绪，如果只讲奉献不求回报总是遭遇嘲讽，并为此陷入痛苦，相反，唯利是图、不择手段的无德之人却可以坐拥财富、地位，获他人的尊重和羡慕，那么这种道德情绪的反差必然会极大地损害正确道德观的形成和稳固。如果善行恶报、恶行善报、道德冷漠者可以明哲保身、道德高尚者反而遭受诬陷，这必将极大地颠覆人们的善恶道德标准，对道德观造成极大的摧残和打击。社会不能单纯地责

---

① 胡锦涛:《坚定不移沿着中国特色社会主义道路前进　为全面建成小康社会而奋斗——在中国共产党第十八次全国代表大会上的报告》(2012 年 11 月 8 日),北京:人民出版社 2012 年版,第 32 页。

② 2011 年 7 月 2 日,浙江省杭州市某小区一个两岁女孩儿突然从十楼坠落,过路女子吴菊萍毫不犹豫地冲过去,徒手接住了女孩儿,因巨大的冲击力,吴菊萍的手臂被撞成粉碎性骨折,但女孩儿的生命得救了。吴菊萍因此英雄之举而被赞誉为“最美妈妈”。

③ 2012 年 5 月 8 日,黑龙江省佳木斯市第十九中学的学生在准备过马路时,一辆失控的汽车突然冲向他们,危急时刻,女教师张丽莉不顾自身安危,奋力推开学生,自己却被卷入车轮,双腿粉碎性骨折,高位截肢。最美教师的事迹感动着世人。

怪公民的道德水平低下，面对一些善行却恶报的事实，许多人却步了，久而久之，高尚的道德就失去了应有的力量和威信，人们对司法道德的冷漠乃至放弃也就不难理解了。在道德领域权利和义务也应当是对等的关系，如果一部分主体只享有权利而不必付出，而另一部分主体努力付出却得不到相应的回报，那么这种道德体系也就失去了号召力，就难以得到社会公众的支持与拥护。

因此，当务之急就是要改变社会氛围中的负面影响，要让道德的力量重新回归生活，第一位的就是要使人能够切实地感觉到“耻”。在利益已成为时代主题的当下，单纯的教化效果并不理想，那么就必须通过利益的方法来促使道德的回归，即建立“道德赏罚制度”。对于那些认为道德毫无意义的人来说，必须将道德量化到具体的物质利益中去，对践踏道德者给予严厉的惩罚，对道德模范者给予丰厚的物质和精神奖励，对严格执法者给予肯定和赞誉，对执法犯法者给予制裁和批评，从而引导正向的道德情绪。社会主义荣辱观只有在制度层面建立起完善的奖惩措施，人们逐渐从被肯定和赞许中得到心灵的安慰与精神的满足，才能在道德情绪层面真正形成肯定性的荣辱体验，进而通过反复持续性的实践和应用不断强化，最终形成坚定的道德意志。

当然，有人会指出，“道德是依靠社会舆论、传统习惯和内心信念等非功利性的精神力量来维持的规范体系，它与非功利性的高尚、义务、奉献等密切相连，似乎与回报、赏罚这些卑俗的功利性因素无关。从道德主体而言，他从事某种道德行为，确实是以不谋取利益为目的，但这只能说明从事道德行为的主体的崇高，而不能由此证明这个社会的伦理秩序就是合理的。只要人们尽义务，讲奉献，而不给相应回报是不合理的，在实践上也影响了道德作用的发挥”①。正确理解利益是整体道德的基础。这里的利益不仅包括物质利益也包括精神利益，而道德赏罚制正是以承认利益为基础的，突破了以往只讲自我牺牲，不讲自我利益的单向度的义务性关系，道德本身不仅不

① 李建华：《法治社会中的伦理秩序》，北京：中国社会科学出版社2004年版，第110页。

排斥个人利益,而且还充分肯定和尊重道德主体的利益追求。

总之,必须大力加强社会主义荣辱观的制度性建设,建立道德赏罚制,对善举给予及时的奖励,对恶行给予坚决的惩处,形成赏善罚恶的良好道德风气,从而培养稳定的荣辱体验和正向的道德情绪。

(三)加强执法者与司法者的官德建设,发挥示范作用

通常来说,个体的力量不足以改变社会的整体道德风尚,而必须借助于国家公权力群体的示范影响。古语云:"上行下效",国家公权力者的道德实践对社会整体道德的影响是广泛而深刻的,尤其是行政执法人员和司法工作人员,他们是国家公权力的代表,其行为对社会整体有风向标的作用。执法者能否严格执法,司法者能否公正裁判,都明显影响着公众对于法律的看法和感受。"其身正,不令而行;其身不正,虽令不从"①,"吏不畏我严,而畏我廉;民不服我能,而服我公;公则明,廉则威",权力主体的道德水平对社会公众的守法发挥着至关重要的示范作用,只有权力主体具备良好的道德素质,执法严明、司法公正,才能取信于民。相对于普通的社会成员,权力者道德缺失引发的权力违法会产生比一般违法更为严重的后果,权力的不道德示范不仅严重损害国家和政府的形象,还会扭曲人们的是非观念,对社会造成错误的引导。因此,必须加强对权力主体的道德教育,重点培养执法人员和司法人员严格执法、公正司法、依法办事的道德素养,消除其权力本位和特权思想,提高其道德水平,以实现道德对法律运行的主体保证。党的十八大报告指出:"抓好道德建设这个基础,教育引导党员、干部模范践行社会主义荣辱观,讲党性、重品行、作表率,做社会主义道德的示范者、诚信风尚的引领者、公平正义的维护者,以实际行动彰显共产党人的人格力量。"②

第一,以"职责"来提升执法者的道德素质。执法者的职责就是全心全意为人民服务,时刻体现执法为民的精神,而要实现这一职责,其前提是执

① 《论语·子路》

② 胡锦涛:《坚定不移沿着中国特色社会主义道路前进 为全面建成小康社会而奋斗——在中国共产党第十八次全国代表大会上的报告》(2012 年 11 月 8 日),北京:人民出版社 2012 年版,第 50 页。

法者具有坚定的理想信念，有着正确的世界观、人生观和价值观，有着崇高的为人民无私奉献的道德品质。毛泽东同志提出“为人民服务”的思想，胡锦涛同志提出“保持党员的先进性”，这些都是对执法者提高思想道德素质的明确要求，执法者是否具有良好的思想道德素质，是社会风气能否改善的关键所在。民以吏为师，如果执法者以服务、教育为宗旨，依法办事，就会对相对人起到教育的作用，相对人就会口服心服；如果执法者以牟利为目的，不依法办事，简单粗暴，相对人就会口服心不服，甚至产生抵触情绪，那只会造成冤假错案，只会激化社会矛盾。[①] 因此，必须加强对广大执法人员的职业道德教育，着力提高执法者的自身修养和道德水平，增加廉洁自律的自觉性，努力实现从外部力量的强制到内心自觉的转变。如果执法者淡忘了执法为民的神圣职责就不可能做到以身作则、廉洁奉公，就会产生执法腐败，也就极易导致群众对执法的不信任和不支持；而如果执法者身体力行地实践道德要求，带头守法，以身作则，恪守法律，严格依法办事，就能更好地教育和带动群众积极守法。

第二，以“良知”来提升司法者的道德素质。司法不公的内在根源与司法者的道德败坏和良知泯灭密切相关，“良知”作为道德范畴之一，是个体对自身应尽义务和责任的一种认识和感知，如果司法者能够具备认识和感知义务和责任的能力，那么良知就会对司法者的司法行为发挥积极的引导作用。世界上唯有两样东西能让我们的内心受到深深的震撼，一是我们头顶上灿烂的星空，一是我们内心崇高的道德法则。借助于良知能够帮助司法工作人员对自觉行为动机进行选择，对符合道德要求的行为予以肯定，对不符合道德要求的行为予以否定或抑制，以保证道德行为符合良知的内涵。“良知”作为道德范畴同时还具有对行为结果进行评价的作用，如果司法工作人员对履行了道德义务并产生良好结果的行为产生内心上的满足感，对没有履行道德义务而产生不良后果的行为感到内疚、惭愧和悔恨，最终产生一种改正自己行为的潜在力量，这个就是良知对行为的评价以及调整的作

---

① 石春金：《论法治的道德基础》，硕士学位论文，武汉大学，2005 年。

用。针对我国司法实践中少数人道德缺失的现状，大力加强司法道德教育，以良心提升司法者的道德水平和内心信念，对提高司法道德建设的实效性，发挥司法者的示范和引导作用大有裨益。

二、加强立法道德建设的实现路径

（一）弘扬立法内容的道德公平

公平是社会主义道德的核心内容，公平是指社会成员在人格与尊严上的平等，在生存权和发展权上的平等，在经济领域中享有同等的机会，在竞争中遵循同等的原则，在分配中能获得与其劳动相应的收入。公平是社会生活的底线，公平的实现对弘扬社会主义核心价值观具有重要的示范功能，公平实现的程度高低将直接影响着人们的道德价值取向，并进而影响在不公平感中对违法行为的选择。当前，我国虽已调整了公平与效率的次序关系，从“效率优先兼顾公平”转变为“效率与公平并重”，并已着手“转变经济发展方式”，但社会贫富差距仍在加大，依然存在分配不公的问题，如果不公平问题愈加严重，则违法犯罪现象就会随之增多。党的十八大报告明确指出：“必须坚持维护社会公平正义。公平正义是中国特色社会主义的内在要求。要在全体人民共同奋斗、经济社会发展的基础上，加紧建设对保障社会公平正义具有重大作用的制度，逐步建立以权利公平、机会公平、规则公平为主要内容的社会公平保障体系，努力营造公平的社会环境，保证人民平等参与、平等发展权利。”[①]法律作为保障社会公平正义的重要制度，必然在制定过程中充分体现权利公平、机会公平、规则公平的基本道德内容，在立法过程中要充分重视和弘扬道德公平，要将道德的公平正义观念渗透到具体的法律制度之中，这主要表现在：应加快完善财政支出、税收和教育立法，在再分配环节实现真正的公平。

① 胡锦涛：《坚定不移沿着中国特色社会主义道路前进 为全面建成小康社会而奋斗——在中国共产党第十八次全国代表大会上的报告》（2012 年 11 月 8 日），北京：人民出版社 2012 年版，第 14—15 页。

第一,完善财政支出立法,引导再分配公平。一般来说,市场的首次分配和由国家实施的再分配是分配国民财富的两种主要手段,其中市场的首次分配最易导致贫富差距、分配不公,因而,解决贫富差距、分配不公问题的重任就落在了政府身上。政府应通过再分配机制充分发挥缓解贫富差距的重要作用,然而现实中,我国在再分配机制上却没有发挥积极的调整作用,相反却进一步加大了贫富差距,这突出表现在:在财政支出结构中,我国对经济建设的扶持性投入高达30%以上,而对医疗、教育、住房、社会保障等基本民生方面投入过少,不足30%,甚至低于印度、古巴、朝鲜等国家。个别地方政府为了推动经济发展,甚至动用巨额财政资金奖励民营企业,这种做法严重违背了国家财政资金的支出原则和使用目的,引发公众的强烈不满和社会争议。①而在许多发达国家,如英国、美国、日本等,仅中央财政在教育、医疗、住房等社会事业方面的支出就超过了50%,而在经济建设方面的投入大多控制在5%以下。我国目前的财政支出制度在再分配环节对公平的促进功能表现明显不足,财政投入方向也不尽合理,对经济建设投入过高,对社会保障、医疗、教育、农业方面投入过低。因此,未来一段时期,应大幅增加社会保障和民生事业方面的财政投入,特别是加大对边远山区的教育投入,政府应通过对财政支出体制的合理调整,切实转变重经济轻社会的财政支出格局,优化财政支出结构,切实实现社会财政资金的公平分配。

第二,修订税收法律制度,实现收入分配公平。在市场经济条件下,以市场为基础的社会资源的流动与配置不可避免地会导致贫富的分化,为了限制和避免过度的贫富差距激化社会矛盾,引发违法犯罪行为,许多国家都规定:因投资而取得的收入要征收较高的所得税或者要双重课税,我国亦有类似主张。党的十八大报告指出:必须深化收入分配制度改革,提高劳动报酬在初次分配中的比重。初次分配和再分配都要兼顾效率和公平,再分配

① 2009年7月,一年财政收入仅有7亿元的国家重点扶持贫困县——安徽省霍邱县,竟给予当地民营企业6亿元的奖励,贫困县动用巨额财政资金奖励企业的做法严重违背财政原则,引起社会的强烈不满。

更加注重公平。完善劳动、资本、技术、管理等要素按贡献参与分配的初次分配机制，加快健全以税收、社会保障、转移支付为主要手段的再分配调节机制。[①]虽然，我国现阶段已经开始了一系列税负改革，如部分营业税改增值税、个人所得税起征点提高等，但仍有许多问题有待解决，如消费税、所得税、遗产税、房产税等的改革都应尽早提上日程。在消费税中，应对高消费产品征收重税，以引导节俭，反对消费主义价值导向。在营业税方面，应对娱乐业提高征税比例，加重税负，其目的主要在于有效地引导人们的道德选择。在遗产税方面，应广泛开征比例较重的遗产税，均衡富二代和穷二代的起点，减少财富对富二代奋斗动力的负面影响。在所得税方面，个人所得税是调节贫富差距的一个重要杠杆，但在我国却起到反向调节作用，税负主要集中于中产阶层，对富裕阶层并无实质影响，所以在提高起征点的基础上，还要进一步加强对征税比例的调整，降低劳动报酬税收，增加资本收入税收，以真正实现税负向上层的流转移动，实现以按劳分配为主的分配制度。

第三，完善教育立法，合理分配教育资源，实现机会平等与起点公平。受教育机会的不平等是各类不平等中的最大不平等，只有接受良好的教育才能使社会各阶层都能够获得竞争的基本能力和水平，进而获得公平的向上流动的机会和可能。这样，即使仍然存在少数人在特定时期借助于权力或财富不劳而获，但对于那些致力于依靠自身的辛勤和努力而改变命运的人来说，他们仍然拥有向上流动的希望，穷二代仍然有改变命运的可能，而不是贫穷的延续，那么社会在总体上就还是公平的。虽然一般来说，财富的世袭和继承无论从伦理还是法律的角度来说都是无可争议的，然而由于财富的潜在力量而导致对权力的世袭和继承就是极其不公平的，也是社会绝对不能容忍的。

但现实中，昂贵的学费等经济因素，使得人们向上流动的机会仍然存在

---

① 胡锦涛：《坚定不移沿着中国特色社会主义道路前进　为全面建成小康社会而奋斗——在中国共产党第十八次全国代表大会上的报告》（2012 年 11 月 8 日），北京：人民出版社 2012 年版，第 36 页。

着事实上的不平等，如高等教育阶段的收费制度就粉碎了许多贫困孩子的大学梦，因教育而致贫的现象也加剧了社会的不公平感。事实上仅义务教育阶段不收费是远远不够的，高等教育也是社会重要的教育资源，如果因为经济能力的差别而不能同等地获取接受高等教育的机会，也是不公平的，尤其在高考过程中，更不应以经济能力的差别而制造录取标准的不平等。①赋予贫困群体向上流动的机会和希望，保障渠道的畅通是非常重要的，使人们有机会凭借自己的努力和才能而不是凭借特权或金钱走向上层，这是公平价值的重要体现。另外，择校问题也值得关注，虽然国家免除了义务教育阶段的费用，但是择校问题依然困扰着许多家庭，择校现象的产生根源正是在于教育资源分配的不合理性。教育资源是国家的公共资源，理应公平地分配给每一位学生，择校制度的存在则极大地破坏了接受教育和享有公共资源的公平性。因此，必须合理分配公共的教育资源，取消择校制度，从而确保受教育机会的真正公平。

（二）完善立法程序的民主性与公开性

立法的民主性和公开性是建立中国特色社会主义法律体系的重要保证，只有增强立法的民主性和公开性，才能保证立法的规范性、高效性、合道德性。

第一，加强立法的民主性。相对于国家级的立法活动，问题较多的还是集中于基层立法。基层立法的参与主体不尽合理，反映不同利益的对比力量严重失衡，弱势群体的声音很难得以表达，这也是导致社会不公、行业收入差距过大、社会矛盾加剧的一个重要原因。相对于全国人大和全国人大常委会制定的法律，地方性立法或部门立法更容易受到小集团利益的影响，因此必须增强立法的民主程度，切实扩大立法参与的主体范围，其关键因素在于立法草案的起草主体和草案通过的表决主体。对立法草案的制定主体，能否真正体现立法的公平和中立这个问题必须引起高度重视。在现实

① 某地方政府以企业家的纳税数额作为其子女高考加分的条件，该做法明显违背受教育权的公平原则。

中的政府拆迁活动中，对被拆迁人的补偿标准，是由政府自行确定的，其补偿是否存在合理性也是由政府单方面来解释的，表面看来政府是介于开发商与被拆迁人之间的中立第三方，然而实际上，政府本身在房地产开发过程中的土地权益使其并不能真正放弃对利益的追逐，因而其中立第三方的身份也就颇受质疑。为此，必须加强立法草案制定主体的民主性，更多地吸纳社会公众参与立法，更多地反映来自民间的利益诉求。而关于立法通过的表决主体，传统的立法表决都是通过人大代表来完成的，这种方式的合理性就在于，人大代表是由人民选举产生的，能在一定程度上代为表达人民的意志、反映人民的诉求、维护人民的利益，但问题是，人大代表了解的情况毕竟是有限度的，不可能熟悉社会生活的各个领域，在很多具体的法律法规的表决中不一定能真正表达人民群众的意志。因此，应采取利益相对人参与立法的形式，即在具体法规的讨论表决过程中，通过社区、街道、单位、学校等大众传媒之外的方式将立法信息传递到每一个与此利益相关的公民，并征得过半数人的同意，方可进入下一步的表决程序。只有与所立之法利益相关的主体才能真正去思考和研究立法的背景、内容和意义，经此程序通过的法律也才能代表真正的民意，体现真正的民主。

第二，加强立法的公开性。首先，公开程度是实现民主的重要前提，应进一步提高行政立法过程的公开，增加透明度，包括医药卫生部门对药价的制定过程、铁路部门对票价的制定过程、水电部门对水电费的制定过程、石油管理部门对油价的制定过程、房产管理部门对房屋补偿价格的制定过程等。除采取听证会的形式之外，还应提前向社会公众和与会代表提供价格制定的依据并及时公开相应的佐证材料，同时还应规范"听证"程序，对公开数据中的模糊性问题或公众普遍关心的问题，必须给予明确的说明与合理的解释，防止走过场、搞形式主义。其次，进一步完善地方性法规和规章的制定过程，应明确地方性法规、规章的公开范围，除去网络调查和听证会之外，立法者的调查研究还要充分利用广播电视、报纸杂志、社会基层组织、社会团体广泛收集倾听普通群众的意见，在法律的制定过程中，广泛运用各种大众传媒发动群众积极参与讨论，不仅是一种符合法治的民主的立法形式，更重要的是，它同时也是一种法制宣传、法治教育，一种培养法治精神的过程，一种社会道德规范向法律渗透的过程。[①] 最后，应建立和完善立法后续监督制度，对所制定的法律法规在实践中的实施效果及存在的问题随时进行总结，并及时向立法机关反馈信息，以便对立法进行补充和修正，而不是一立了之。

三、加强执法道德建设的实现路径

（一）转变政府职能，建立超越性政府

首先，阻断政府的私利性，建立真正的超越性政府。世界各国的法律都明确规定，政府不得直接从事商业性活动，即明文禁止公权力与商业利益的结合，这是因为政治活动与经济活动的职责明显不同，经济活动是以经济利益的攫取为首要目标，而政治活动并不以营利为目的，而是以服务社会、维护公益为基本职责，两者在性质上完全不同。正是由于公益性特征，政府在依法行政过程中就必须摒弃市场观念，以弘扬和培育利他性道德为主要内容。如果允许政治权力与市场相勾连，则公权力遭遇利益的诱惑极易导致对权力的违法滥用，公权力介入经济活动是权力腐败的制度根源。如在土地市场中，政府既是管理者又是竞争者，既当裁判员又当运动员的双重身份难以保证政府行为的公平和公正，私利性会严重影响政府的超越性。同样，这一原则也适用于政府的公务人员，我国的《公务员法》明文禁止公务员从事商业活动，《法官职业道德基本准则》第 43 条也规定，法官不得参加营利性社团组织或者可能借法官影响力营利的社团组织，《美国法官行为准则》第 5 条对法官业余活动的范围也做出了具体详尽的限制。总之，权力主体应与商业活动保持必要的距离，不能利用权力为自己或他人谋取私利，公权力不能直接介入市场经济的具体运作过程，任何公权力与私人领域中商业利益的结合都会极大地损害政府的超越性。当然，公共资源的使用、国有资

① 石春金：《论法治的道德基础》，硕士学位论文，武汉大学，2005 年。

产的运营难免会涉及政府，对此，必须使国有资产运营组织与政府完全脱钩，成为自主经营、自负盈亏的独立市场主体。然而，目前在公共资源的有偿使用方面，政府与利益的勾连还难以分清，以土地出让金为例，地方政府财政收入的利益性与政府的超越性难免出现冲突，为此，建议通过财政立法，将土地出让金的收入如数上缴，将原属于地方财政收入的利益收归中央，从而切断地方政府在公共资源使用方面与利益的勾连。

其次，弱化政府的经济性，增强公共服务职能。市场机制下存在不可避免的"市场失灵"，表现为市场机制难以解决公共物品的供应，提供公共服务应当是政府的基本职能。从国际范围来看，各国不同地区之间的经济发展差距都较大，但是公共服务，特别是教育、医疗、文化设施等由政府提供的公共服务之间的差距则很小。现代政府的基本职能就是提供公共服务、对市场竞争活动进行监督、对贫富差距进行均衡调节、对弱势群体进行社会保障等，政府活动的最终目标就是要实现社会公平，而社会公平主要体现为对社会资源的公正配置，体现为财政资金的投入比例和结构，但我国过去政府对经济效率、对 GDP 贡献更看重一些，而旨在促进社会公正的制度性安排跟不上经济发展步伐，社会失衡的问题不断积压下来，成了制约当前社会进一步发展的瓶颈。社会发展落后于经济发展，显然体现了发展过程中效率诉求与公正原则的失衡。[①]针对现实中政府职能过分向经济倾斜、公共服务职能明显弱化的情形，建议通过立法明确财政资金的预算、使用及决算过程，虽然我国目前已制定《预算法》及《预算法实施条例》，但其规定还相对粗疏，在具体资金的投入比例和分配理由方面缺少严格的论证和社会的监督，一笔财政资金究竟是投向扶持经济建设还是投向环境保护或社会民生，必须要经过法定的评判过程。另外，还应建立政府服务公平性的具体评价体系，通过指标化的管理来实现政府工作是否公平的民意测评。政府提供的公共服务是以每个公民的平等为基础的，其责任就是对公民的平等权和社会公正的维护，不得以包括效率在内的任何借口去损害社会的公平，尤其在

① 陆学艺:《当代中国社会结构》，北京:社会科学文献出版社 2010 年版，第 318 页。

市场已经造成贫富差距时，政府更应该向弱势群体倾斜，以确保社会再分配的公平。

（二）完善政治制度，保障严格执法

第一，改革干部任免制与业绩考核制。领导干部的职责是为人民服务，但政治权力结构建立在一层对一层的任命和服从的体系之中，官员只对上负责，不对下负责，没有对下负责，即向人民群众负责的制度约束，干部就不会在意社会公众的舆论和指责，也很难激发为人民服务的道德热情，群众的建议和监督就更难以发挥作用，因此必须改革现行的干部任免体制，形成对上负责更要对下负责的双向负责制。同时还要严把干部任用选拔关，党的十八大报告指出：要深化干部人事制度改革，建设高素质执政骨干队伍，“要坚持任人唯贤，坚持德才兼备、以德为先”，“完善竞争性选拔干部方式，提高选人用人公信度”①。要特别注重干部的政治思想和道德品质，以投票制、竞争制来选拔思想坚定、作风正派、踏实肯干的人才，以净化党的干部队伍。

同时还要进一步完善干部考核评价机制，促进领导干部树立正确的政绩观。从行政干部的角度来说，必须改变以经济指标为主衡量工作业绩的做法，使领导干部在重视经济发展的同时，也能更加关注社会民生，经济指标固然可以作为考核的标准之一，但绝不能占据主要比重。除此，当地人民群众的生活水平、政府在群众中的形象测评、思想道德建设的成效以及干部自身的廉洁自律等，也应成为重要的考核依据，使“为政以德”由软到硬，真正落到实处。

第二，落实权力运行公开制和官员财产公开制。权力不受制约虽然不是导致腐败的根源，但却是腐败得以滋生的重要条件，由于公权力没有受到有效制约，以致权力腐败问题严重，而权力运行的不公开是权力得不到有效

---

① 胡锦涛：《坚定不移沿着中国特色社会主义道路前进　为全面建成小康社会而奋斗——在中国共产党第十八次全国代表大会上的报告》（2012 年 11 月 8 日），北京：人民出版社 2012 年版，第 52 页。

制约的关键因素,因此,政治体制改革的突破口就在于要彻底解决权力运行中的暗箱操作问题,真正落实权力运行公开制,加强对公权力的有效监督。党的十八大报告指出:“推进权力运行公开化、规范化,完善党务公开、政务公开、司法公开和各领域办事公开制度,健全质询、问责、经济责任审计、引咎辞职、罢免等制度,加强党内监督、民主监督、法律监督、舆论监督,让人民监督权力,让权力在阳光下运行。”①公开制是权力走向公开和透明的一种非常有效的途径,其关键在于落实,建议从工作细节公开入手。如我国每年的“三公”消费仅有数字的公开还远远不够,相应的票据和凭证也应同时公开,细节反腐是非常重要的,在此可借鉴芬兰的反腐败措施:芬兰的公务员吃请就是天大的事,人际交往必须谨小慎微,规定十分严格,如果不小心喝了别人的葡萄酒就可能出问题。芬兰法律规定:公务员不能接受价值较高的礼品,一般在 24 美元左右。如果是公务接待,吃饭的费用、人员必须在网上开列清单,以供社会监督。②这反映出社会对腐败的低容忍态度,以及对腐败的监控具有较强的操作性。

同时还应落实官员财产公开制。如前所述,公权不得与私利相勾结,但在现实中执法者权力滥用或违法经商现象往往很难防控,传统的财产申报制度(如上交工资条或纳税凭证等)由于过多地受制于申报人的主观自觉性,效果并不明显,而采取大范围的普查方式又缺乏现实性与可操作性,因此有必要修改财产申报制度,可尝试从官员的实有财产数量来推断其权利行使的正当性。具体来说,就是要改变对巨额财产来源不明予以追究刑事责任的传统规定,先不考虑财产是否是巨额,是否能说明来源,而是把重点落在能不能申报、敢不敢申报、及时申报还是不及时申报方面,一旦出现瞒报、漏报、谎报或不报的情形,应立即采取刑事强制措施,彻查财产,并处以

---

① 胡锦涛:《坚定不移沿着中国特色社会主义道路前进 为全面建成小康社会而奋斗——在中国共产党第十八次全国代表大会上的报告》(2012 年 11 月 8 日),北京:人民出版社 2012 年版,第 29 页。

② 孙立平:《重建社会——转型社会的秩序再造》,北京:社会科学文献出版社 2009 年版,第 214 页。

巨额罚款。连续七年递交"官员财产申报公示"制度议案的全国人大代表韩德云表示:从当前情况来看,全面铺开官员财产申报困难很大,因此建议从相对容易的角度入手,比如从高危岗位、新任官员开始启动。另外,实践中部分官员为了规避财产申报的规定,将巨额财产转移至配偶、子女之外的其他近亲属名下,以躲避审查。因此,有必要对财产申报的人员范围做进一步的扩大,不仅官员的财产需要申报,与官员具有近亲属关系者的财产也应当一并申报。

第三,建立连带责任制。制度的有效性与惩罚措施密切相关,对于权力型犯罪必须严格推行连带责任制,以严格的惩戒制度引导执法道德的生成和稳固。连带责任制主要体现在对执法不严、监管不力的行政人员,必须对产生工作疏漏者所在的集体给予严格的惩戒,即一人的疏忽要由整个集体来付出代价(发现违法并及时汇报者除外),其目的就是要增强集体中每个人的责任心,并使每个人都处于被监督的状态之下。如在每次出现大规模食品安全问题之前,知情者都绝非个别人,但事发后如果仅由主要负责人承担法律后果,则对其他人责任心的警示作用十分微弱。另外,还应加大对监管者的惩罚力度,强化监管者责任,尤其是对食品安全监管者的监管。根据《食品安全法》,食品生产经营者负有保证食品安全的社会责任,食品安全监管部门必须敬业尽责,对食品市场加大检查频率,拓宽覆盖范围,做到常规检查和突击检查相结合,保证食品安全市场的"零死角",如出现监管不力或徇私枉法,必须一查到底、严惩不贷。

四、加强司法道德建设的实现路径

(一)完善司法制度,保障司法公正

第一,完善司法独立制。如美国亨利卢米斯所言:在法院做出判决的瞬间,被别的观点或被任何形式的权力或压力控制或影响,法院就不复存在了。从国外的司法实践所形成的成功经验来看,公正的司法必须来源于司法独立,法官必须有独立的人格,在判案时只服从法律和良知,而不能受任

何外界的干扰。[①]而我国的司法却很难做到不受任何外在因素的影响，从目前的司法体制来看，虽然审判机关的设置和内部组成、司法人员的选拔和任用以及审判机关与政府的关系等，都表现出司法权独立于行政权的基本特征，从宪法和其他法律的规定来看，也明确表达出司法机关独立行使司法权力，不受其他任何机关或个人非法干涉的基本原则，但落实到具体的司法活动中，我国的司法权并没有实现真正的独立和自主，而是在很大程度上仍然受到行政权力的影响和制约，尤其在人、财、物方面。因此，司法系统应当有自己独立的人事任免权限，同时，在经费来源方面，司法机关必须摆脱地方政府的财政依附，必须建立一套独立的财政预算和拨付体制。只有彻底改变司法机关依附于行政机关的财政和人事制度，让行政丧失干预司法的能力，司法才能获得真正的独立。

第二，改革法官选任制。改革法官选任制，即确认司法职业的资格必须突出法官的道德品行和职业操守，选拔法官不能仅凭司法考试的成绩或法律专业知识和技能，而必须重视道德素质，对于道德品行不端的人，越是具有高超的专业水平就越是容易玩弄法律，其违法犯罪就更具危害性。因此，必须由知识本位向道德本位转型，司法人员的道德品行与其专业知识水平必须并重。相对而言，我国许多著名高校中的法律专家、法学教授多为学术精深、德高望重、为人谦逊的学者，并常年工作在法治建设与法学研究的前沿，建议大量起用这样的学者进入我国的司法部门并担任要职。[②] 由于大学教师的人事聘用一般不会受到行政权的干涉，这样就可以使学者的司法行为在一定程度上摆脱来自行政权力的制约。除此，在司法人员选任制度中还要加入道德品行的培训内容，培训期最少为一年，一年期满后，道德品行不合格者应淘汰出司法队伍。同时还要完善司法人员的考核制度，必须摒弃结案率、调解率等硬性的衡量指标，而换以错案率、投诉率等。我国司法机关大力推行调解结案的目的本身是为了更好地实现社会和谐与稳定，但

① 吴诚、贺志明：《法律人道德价值的定位探析》，载《湖南人文科技学院学报》2009 年第6 期。

② 陈晓雷：《构建法律道德的正义基础》，载《黑龙江社会科学》2011 年第 3 期。

是许多纠纷并不具有调和性,却被强行调解,一调再调,久调不决。实际上,这不仅是对当事人自由诉权的一种侵犯,更容易使矛盾双方的积怨加深,并不能真正实现稳定社会的初衷。因此,必须改变以调解率作为司法者工作业绩的考核标准。

第三,完善司法审判公开制。由于司法权力具有可交换性特征,因此,当它一旦失去有效制约时就极易导致腐败,而公开司法权的行使过程是保证其广受社会监督不被滥用的有效手段。在司法领域中,司法权力的运行公开主要体现在已有的审判公开制度,但我国的审判公开制本身就存在着框架粗糙、弹性过大、不具操作性等问题,审判活动虽然在制度层面体现为公开,但在具体的公开范围、公开形式、公开对象、公开时间等方面仍然缺少明确规定,以至于立法本意良好的公开审判制并没有实现预期的效果。因此,建议进一步细化原有规定,并做出适当补充:首先,公开裁判文书,履行裁判解释义务,限制司法恣意。审判公开不仅仅包括审判过程的公开,还应包括审判结果的公开,即公开裁判文书(涉及国家秘密、商业秘密和个人隐私的案件除外),同时附加裁判解释制度,即对判决不再是一判了之,而是要在宣布判决时,由专门成立的评审专家组在场监督,法官必须将判决的依据和理由逐一告知当事人。在此过程中,法官对证据的分析审核、对判决依据的适用解释,即法官的道德是否偏离了公平正义的轨道,在专家面前就可以一目了然,司法裁判必须是经过道德过滤后的法律。其次,公开的形式不仅仅是庭审现场的公众自由旁听,而且还应包括庭审过程的网络视频,网络公开可以扩大监督的主体范围,便于更多的社会公众参与监督。另外,现行的人民法院法庭规则中禁止录音录像的规定明显违背审判公开原则,正如意大利法学家贝卡利亚所言:审判应当是公开的,以便社会舆论能够制止暴力与私欲。只有取消禁令,允许法庭录音录像,才能保证司法程序受到公众的真正监督。再次,公开的时间不能仅局限于庭审过程,还应拓展至立案、证据提交、证据交换等活动,司法的实体公正往往取决于程序的公正,只有审判程序的全部环节都能完整地公之于众,才能真正实现社会公众对司法程序公正性的有效监督。[①]最后，建立网络平台，上传司法审判案件（不宜公开的除外），对裁判书进行广泛交流与讨论，接受社会各界的监督。对法律案件进行网络公开，可以吸纳高等院校法律专业的师生参与案件的讨论，法学院的学生可以将其作为实践课程，进行网络评分；同时，组织各高等院校的法律专业人士组成评审小组，定期对网络发布的司法裁判文书进行评价和审查，并随时受理公众对部分裁判不公的举报或质疑，利用网络监管方式对司法权力运行过程实现有效监督。

第四，完善错案追究制。错案追究制也称主审法官责任制，主要指在司法审判活动中，对于做出错误裁判的司法者应予以严肃处理的制度。实践中枉法裁判、司法不公、司法腐败往往都是与错误裁判紧密联系的，如果不对错裁错判加以严惩，践踏道德良知与法律尊严的行径就会再次发生，因此，必须切实贯彻落实错案追究制。产生错案无外乎两种原因：一是司法人员业务水平低、能力不足，这属于专业技术问题，可转岗或培训，成绩不合格不得再上岗；二是由于业务之外的人情或利益原因而导致的判决不公，对此种情况必须严惩，在将其清除出司法队伍的同时，还要取消其在其他类似领域中的任职资格，涉及刑事犯罪的还应依法移送。本着法律面前人人平等的原则，对违法行为无论牵涉到谁都要一查到底，一经查实必须严肃处理，绝不姑息。同时对于错案的性质划分，有必要建立专家鉴定制度，即由法学界专业人士组建专家库，并随机抽选专家对错案原因进行分析判断，技术错误与非技术错误必须严格区分，对于非技术原因导致的错案，对办案人员必须加以严惩。另外，错案追究制还体现在应建立起相对完善的配套制度，对司法裁判起到真正监督的作用，如证据签收制度与制裁后续跟踪制度。2013 年 1 月 1 日开始施行的《民事诉讼法》就规定了司法机关对当事人提交证据的签收制度，虽然仍存在签收范围过窄、签收主体不明确等缺憾问题，但相对于曾经的制度空场，这无疑是一个令人振奋的重大进步，对于司法者诚实、平等、公正地对待各方当事人的举证权利有着重要的促进作用。

---

① 陈晓雷：《构建法律道德的正义基础》，载《黑龙江社会科学》2011 年第 3 期。

同时，对于那些被开除或调离司法工作岗位的人员必须实施后续跟踪制度，即对其受制裁的真实度保留一个开放的可供公众监督的权利。

（二）建立司法职业保障制

以为人民服务为本，这是对司法权力主体身份职责的基本要求，除了国家给予的待遇外，不得谋求经济上的利益，即严禁公务人员从事以营利为目的的商业性活动，但同时，利益又是道德生成的基础，道德的培育又必须建立在基本生存需要得以满足的基础之上。因而，在权力主体本身不能直接经营谋利的前提下，为了避免和减少维护公平正义与满足基本生活需要发生严重冲突，就必须保证权力主体享有相对稳定和优厚的收入待遇，职业保障制的提出正是旨在解决道德生成的物质基础问题，旨在使公务人员不必为了生活而面对生存与道德的两难选择。作为掌握司法权力的司法工作人员，其道德品行是保障司法公正的关键因素，然而不能忽略的是，权力者也是人，也具有人的自利本性，权力者也处于具体的社会环境之中，环境也必然对权力者的道德观念产生客观的影响。他们也要面对现实的生活环境，也不可避免地要面对一些不良思想观念的腐蚀和渗透，部分干部、法官受拜金主义、极端利己主义观念的影响，道德严重滑坡，丧失党性，是非观念颠倒，以致衍生出严重的司法腐败，这说明司法道德的培育也离不开现实的物质基础，道德的坚守与稳定的生活也存在着密切的关联性。尤其是当某一环境中的腐败已逐渐演变为一种生存必需的规则时，人们的道德观念和价值观念就会发生扭曲和错位，腐败就“去道德化”了，此时反腐败反而成为一种不合道德的要求，相应的反腐败法律制度的强制力就会被严重消解。因此，建立司法职业保障制，由国家财政充分保障司法者的生活所需，从而使其能够毫无后顾之忧、全身心地投入本职工作。

当然，建立司法职业保障制还要有一个重要前提，那就是必须对司法主体的任职资格设立严格的标准和更高的要求，普通人不经过多年的努力奋斗，不具有相当的学识、技能，尤其是良好的道德品行是没有资格成为司法权力主体的。司法职业保障制设立的目的并不仅仅是为了保障权力主体的物质生活，同时还要保障其能拥有一种较高的社会身份和地位，务必使所有任职者都能深刻地感受到来自社会对他们的充分信任和高度尊重，即通过司法职业保障制来催生一种强烈的职业荣誉感，基于对这种职业荣誉感的珍视，促使权力主体在正向道德情绪的感染下保持权力行使的客观公正。如英国大法官年薪就高于首相，美国联邦最高法院首席大法官的年薪与副总统相同，其他大法官的年薪也高于政府部长。这种高薪制度显然不仅仅是司法者基本生活条件的保障，同时它还充分彰显了“司法”这种职业的神圣和崇高。

现实中，我国的法官道德建设亟待加强。总体来看，我国基层法院的法官待遇较低，在衣食住行方面缺乏足够的物质保障，同时又经常面临功利的诱惑。“实践证明，如果法院的经费一贯紧张，加之经费拨付受制于地方，一些法院就会想方设法地搞创收，甚至为了解决经费问题而将当事人作为创收的对象。”① 因此，法学界一向都主张高薪养廉，也就是职业保障制，即许以法官优厚的生活条件，使其不为一般的蝇头小利而动，也提高了作恶的成本，使法官不义成为一桩划不来的生意。加之国外如英、美、新加坡等国家给予法官丰厚薪水和退休金的高薪养廉的成功经验，使得这一主张流行一时，但此观点也受到李建华等学者的质疑，他们认为：高薪养廉的观点是建立在性恶论的基础之上，事实上，低薪的法官也可以是廉洁的，“这种思路否定了可以通过道德教育、信仰教育来确立法官人格的观点，认为道德的内化必须通过必要的物质力量促成，高报酬、高待遇是保证法官司法正义的必要条件”②。对此质疑，笔者不能苟同。首先，高薪养廉并不是建立在性恶论的基础之上。道德的内化需要必要的物质力量，利益是道德的基础，这是唯物主义的视角，追求并保障基本的生活需要是人的正当选择，与性恶不能等同。其次，高薪养廉本身并不排斥道德教育和信仰教育。高薪养廉作为众多制度手段中的一项，必然要与其他的方法、手段配套进行才能发挥抑制违

① 余其营、吴云才：《法律伦理学研究》，成都：西南交通大学出版社 2009 年版，第 243 页。

② 李建华等：《法律伦理学》，长沙：湖南人民出版社 2006 年版，第 213 页。

法的作用。最后,“低薪的法官也可以清廉”需要特定的社会背景,在利益高度不分化、道德高度统一的阶级斗争年代,低薪是普遍的社会现象,低薪也不会成为司法腐败的主要原因。而今,我国已进入利益明显分化的时代,低薪会带来一系列关乎生存条件的麻烦和困难,低薪在很多情况下面对的是生存和道德的艰难选择,而基本生存需要的满足对道德的生成和稳固具有重要的影响,所以薪金的高低也是影响法官道德的不可小视的重要因素。因此,应使司法者进入高收入职业阶层,并使其职业成为社会公众心目中最具威信和神圣的职业,使其以崇高的职业荣誉感践行为人民服务的司法职责。

五、加强守法道德建设的实现路径

(一)加大违法成本,培育经营者的守法道德

社会主张正当合法谋利,但现实的经济制度使守法经营的成本过高,而对违法的惩罚过轻,使得违法获利更多,久而久之,人们不再虔诚地遵守法律和道德的要求,而走上唯利是图、不择手段的道路。反之,如果社会中人们致富的手段和途径主要都是合法经营、正当竞争,则人们的道德观念就会大为改观,应通过建立健全信用评价制度降低守法经营的成本,增加对违法获利的惩罚力度。

西方国家的守法秩序相对良好,其原因正是在于有相对完备的信用评价制以及严厉的惩罚措施。如美国有着相对完备的信用等级和信用评价体制,体现为银行贷款记录,诈欺、违法、违纪记录等,永久性不良记录将会对经营者以后的再创业、贷款、求职等活动造成极大的不利影响。与此类似,加拿大也有相对完备的个人信用管理制度,社会对个人的信用管理主要通过“白卡”形式记录,无论上学、就业、买房、贷款、出国等都要出示“白卡”,如果白卡上存有不良记录(不诚实、欺诈、偷盗、赖账、打架等),则申请者大

多都会失去各种机会。[①]同时再辅以严厉的惩罚措施，对欺诈犯罪、制售假冒伪劣行为会给予巨额处罚，甚至破产。诚信的道德精神与具体的生活机会紧密相关，使人们在日常生活中逐渐接受并习惯于诚信的言行，并严格地遵纪守法。“诚信是社会契约的前提，道德是商业文明的基石……我们放心走路，是因为我们相信车流会在红灯前停下来；我们安心睡觉，是因为相信屋顶不会无缘无故塌下来。没有这种基本的信任，社会就不可能正常运行；市场经济的基本秩序，也就无从存在。”[②] 信用评价制度的贯彻落实对诚信守法的意义十分重大。

与西方国家相比，我国在违法处罚方面的确存在力度过轻的问题。违法易守法难，企业何以为善？欧盟曾对两大日用消费品跨国巨头——宝洁和联合利华，开出3.152亿欧元的巨额罚单，以惩处两巨头在欧盟八国操纵洗衣粉价格；2008年西门子公司因为行贿被美国和德国监管当局处罚，金额高达13.45亿美元；但相比之下，我国对家乐福门店的价格欺诈行为仅处以区区50万元罚款。一种是高额严厉的违法处罚，一种是宽松低价的违规成本，差别之大，引人反思。近年来，家乐福、沃尔玛、西门子、IBM、雅芳等跨国巨头在我国屡屡曝出的违法丑闻，中国食品行业一再曝出的食品安全问题，在拷问企业经营者道德良心的同时，企业违法成本过低问题也日益凸显。对企业违法违规现象处罚过轻，容易纵容企业侥幸心理，成为滋生违法违规的温床，企业的逐利性必然驱使它继续铤而走险。天价罚单可以让涉事企业备尝高昂违规成本之苦，不敢轻易逾越法规边界。[③]道德从来不是与生俱来的，只有严格执法才能迫使企业遵纪守法。

在康菲公司渤海漏油事件中，康菲公司态度“淡定”，还将漏油责任推诿于自然条件，其为何傲慢至此？因为违法成本低——我国现行《海洋环境保护法》规定的最高处罚额度只有20万元。同为石油泄漏，在去年墨西哥湾

---

① 《加拿大人诚信的故事》，《环球时报》2005年4月6日。

② 评论员文章：《道德是市场经济的基石》，《人民日报》2008年9月28日。

③ 鲁平：《如何才能催生企业道德血液》，载《企业研究》2011年第9期。

石油泄漏事件中，英国石油公司的赔偿金额达200亿美元之巨；再拿国内层出不穷的“有毒食品”来说，《食品安全法》规定制售有毒食品“10倍赔偿”，这种处罚无异于隔靴搔痒，以逐利为天性的经济人自然会计算得失成本，违法的收益远远大于成本。而同属食品问题，美国消费者在麦当劳因咖啡烫伤皮肤，获得270万美元的“惩罚性赔偿金”。在我国，由于违法成本低，违法行为畅行无阻，对道德的生成自然产生指挥棒效应，食品安全、产品质量、生态环境等违法违规问题随之频出。

从经济角度看，违法成本的高低，往往决定着守法者的多寡，惩罚机制的经济意义在于使保持诚信的外部性内在化，使人们在其经济行为中充分考虑到不诚信带来的惩罚后果，提高不诚信行为的经济成本，使其行为无利可图，使其行为趋向守信。因此，我国必须在违法惩罚方面加大力度。首先，在食品生产经营活动中必须落实企业责任，要坚决打击食品安全领域各种违法生产经营的行为，推行信用等级评价制。如果企业出现一般违法，则信用评价降级，同时处以巨额罚款；如果企业发生重大违法行为，则立即取消其信用等级，永久性退出经营领域。其次，对在劳动领域经常出现的侵害劳动者权益的违法现象，要从加强违法惩罚的角度，加强对劳动者的保护，强化《劳动合同法》的执行。在劳资关系中，劳资双方地位的实质不平等客观存在，单纯依靠市场的供求关系来调整和改善劳动者的地位和处境并不现实。因此，在劳动者权益保护方面，必须通过法律的强制性干预来改变资强劳弱的不利局面。2008年我国实行的《劳动合同法》在此问题上有了重大进步，如明确了用人单位签订书面劳动合同的强制性义务及违反义务的惩罚性措施，还赋予了劳动者自由择业的选择权等，但这还远远不够。现实中对用人单位拖欠工资、恶意拒签合同、不提供安全劳动保护、虚假劳务派遣等违法行为仍然缺少严厉的惩罚措施。因此，有必要从完善立法出发，加大对企业违法的处罚力度，进而有效抑制违法，奠定守法道德的利益基础。

综上，只有通过增加对违法的惩罚力度，降低守法的成本，通过利益衡量，才能引导经营者做出正确的道德选择。

（二）提高劳动收入比重，培育劳动者的守法道德

社会主义公平观和社会主义集体观在经济领域都主要表现为按劳分配，“坚持按劳分配的社会主义分配原则，是坚持社会主义正义观在经济领域中的要求。按劳分配是社会经济利益分享的基本原则，具有深刻的道德意义。一方面按劳分配肯定了劳动是获得利益的前提，破除了不劳而获的腐朽人生观，强调劳动是人的本质要求；另一方面按劳分配体现了平等地占有生活资料的道德要求”[①]。给社会提供的劳动的质量和数量，成为社会在一切有劳动能力的成员间进行消费品分配的依据，正如马克思指出的：人与人之间富裕程度的差别只应当是由于他们劳动的差别，而不应当是别的原因。因为劳动的道德价值在于它是通过正当的手段去满足社会和个人的生活需要，在我国，劳动致富是无产阶级和其他劳动人民的基本道德要求，按劳分配是社会主义社会的分配原则。因此，每一个有劳动能力的公民，都应当通过辛勤的劳动去创造社会财富和换取生活资料，以满足衣食住行的需要。

“如果法律强制要求市场主体具有某种高尚的道德动机而一味地放弃自己的权利，那么以利己心和等价交换作为基本规律的市场经济也就终止了。”[②]通常来说，通过劳动来获取个人利益是正当的，也是合法的，但假如通过辛苦的劳动却仍然不能满足基本的生活需要，仍然长期陷于贫困和艰难的处境，那么劳动的正当性与合法性就会逐渐减弱。而我国总体上以劳动获取的收入总额在整个国民经济生产总值中所占的比重仍然过低，在通货膨胀的情况下，工资总额的增长远远慢于 GDP 的增长和国民收入的增长。如 2002 年，在 10 万亿的国民生产总值中城市居民的可支配收入为 3.7 万亿，其中工资总额只有 1.2 万亿，只占约 33%，其余 2.5 万亿是通过非工资方式分配的，约占 67%。[③]在 GDP 中，劳动报酬的份额太低。我国城镇单

① 宋希仁：《道德观通论》，北京：高等教育出版社 2000 年版，第 87 页。

② 余其营、吴云才：《法律伦理学研究》，成都：西南交通大学出版社 2009 年版，第 16 页。

③ 孙立平：《博弈：断裂社会的利益冲突与和谐》，北京：社会科学文献出版社 2006 年版，第 85 页。

位就业人员的劳动报酬在GDP中的比重呈连续下降之势，从1995年的13.06%下降到2006年的10.97%。“从总体来看，在收入分配中，劳动者所占的比重太小，其中，体力劳动者的比重就更小……在城市，劳动力价格多年不见上涨，人口规模最大的体力劳动阶层，如产业工人、传统服务业从业人员的收入一直在1000元以下徘徊，其收入几乎没有随着GDP增长而增长。”①劳动收入在国民生产总值中的比重过低如果长期得不到改善，则势必影响人们以劳动为主要致富手段的信心和热情。因此，有必要从制度层面加强对正当合法获利手段的引导，提高劳动收入的比重是调整收入分配格局的关键所在。

当然，劳动收入的提高不能完全依靠市场经济的自由调节，而要依靠政府的强力。因为在劳资关系中存在明显的市场失灵，这表现为处于强势的资本力量对处于弱势的劳动者合法权益的掌控，劳资双方地位的实质不平等客观存在。在劳资关系中资本具有天生的优势，试图单纯依靠市场的供求关系来调整和改善劳动者的劳动报酬并不现实，纯粹的市场的法则并不能从根本上解决劳动者最基本的生存问题。在劳动者权益保护方面，只有也必须通过国家的强制干预和保护来改变劳动者力量过弱的现实局面，主要体现为保障劳动者的最低工资水平。另外，有关劳动者的劳动价值问题，应以为社会创造的贡献大小来评定，而这种评定，市场本身无力单独完成，必须由政府介入其中。政府应当合理区分劳动的类型，何种劳动能够反映社会主导性道德，是社会需要重点弘扬的；何种劳动反映的是非主导性道德，是社会不鼓励、不提倡的，即关于劳动价值的定位不是市场本身能够决定的，还需要国家必要的行业指导。简言之，劳动的价格不能完全取决于市场，因为市场不直接反映道德。

总之，劳动毕竟是大多数人的生存之本，只有加大劳动报酬在国民生产总值中的比重，改善劳资关系，使人切实感受到，通过正当合法的途径也能满足基本的生存需求，才能真正引导以劳动为荣的道德观念，从而培育劳动

① 陆学艺：《当代中国社会结构》，北京：社会科学文献出版社2010年版，第249—250页。

者正当谋利的守法道德。

（三）完善社会保障制度，培育弱势群体的守法道德

由于没有稳定的收入来源和社会保障，弱势群体的生活状况常常处于极其脆弱的紧张状态，针对弱势群体基于生存与道德的矛盾而发生的暴力抗法事件，单纯依靠刑法禁止犯罪的强制性规定是远远不够的。针对农民工无力讨回工资款而愤然杀人事件，是“不得非法剥夺他人生命”的强制性法律所不能单独解决的。如果立法者不仅仅从法律强制性的视角，而且还能从人的基本生存条件保障的视角，通过完善社会保障法律制度，赋予劳动者更多追讨工资的手段，或者在最低生活保障方面增加更多的救济性措施，会在很大程度上减少和降低挣扎于生存边缘的人群与社会执法的对抗，对预防底层弱势群体的道德滑坡和违法就会产生更加积极的作用。

广义的社会保障包括社会保障制度和民生建设投入两方面。社会保障制度是由国家制定的以国家为主体，通过国民收入的再分配，对公民暂时或永久性地失去劳动能力以及由于各种原因生活发生困难时给予物质帮助，用以保障居民的基本生活需要的重要经济制度之一，包括社会保险（养老、医疗、工伤、失业、生育）、社会福利、社会救济、社会优抚、最低生活保障等一系列制度。其他民生保障主要指城市居民最低生活保障（低保户）、保障性住房、义务性教育、社会医疗保险等。当前，关于社会保障制度完善的论证很多，然而角度各不相同。如经济学家谈论社会保障制度往往是从推动经济发展的角度来论证的，从经济的角度来看，社会保障是支撑需求和消费的重要条件。社会学家谈论社会保障制定主要是从社会稳定的角度来论证的，从社会的角度来看，生存条件获得基本保障是维持社会稳定的重要条件。然而，笔者谈论的社会保障制度的完善，不是从经济、社会，而是从伦理道德的角度来论证的。笔者认为，社会保障是道德生成的重要基础，社会保障制度的建立和完善能够保障底层群体的基本生存条件，只有基本生存需要得到满足后，才能具备道德生成的基础，同时通过社会保障制度可以使社会成员共享经济社会发展的成果以实现社会公平。为了有效培育弱势群体

道德的生成,以减少低收入群体的违法犯罪,必须建立、健全完善的社会保障制度。

从西方国家的发展来看,伴随着工业化的发展,相应的公共物品的供应与社会保障制度的完善是必不可少的。如日本对水、电、煤气设备等公共生活设施,幼儿园、学校、图书馆等教育设施,医院等医疗设施的配备十分重视且供应充足,同时对于经济增长中的弱势群体通过社会保障制度给予及时的物质帮助。本来,就社会公共物品的性质而言,单靠市场的力量是无法有效提供的(市场失灵),而必须依靠国家的力量,但是,我国改革开放30多年来,经济建设虽然取得了巨大成就,社会建设却相对滞后。从目前的情况来看,我国的社会保障体系已基本建立,保障范围涉及低保和养老、医疗、生育、失业、工伤保险,以及保障性住房等。1999年国务院还颁布了《城市居民最低生活保障条例》,全国县级以上城市都建立了这项制度。中共十六大也明确把“社会保障体系比较健全”作为全面建设小康社会的目标之一。但从总体来看,我国的社会保障水平还不高,范围窄,尤其在社会公共物品的供应方面严重短缺,医疗、教育、文化等各种公共服务设施投入不足。自1992年公共服务领域引入市场机制后,与居民生活相关的教育、医疗、住房领域逐渐市场化,上学贵、看病难、高房价等社会问题更加突出。虽然我国已推行了保障性住房政策,但范围有限,保障性住房的范围还满足不了人民大众的需求,义务教育的覆盖面应及于高等教育,医疗解决不了大病问题。我国对住房保障、教育、医疗卫生、文化等其他民生方面的支出有增加,但不够,还应当继续优化财政支出结构。

另外,我国当前的社会保障制度的覆盖面还相对较窄,社会保障的范围和水平还不足,农民和大多数城市居民还不能依靠社会保障来养老和医疗。社会保障制度水平低,范围窄。长期以来,我国完整的社会保障制度只存在于城市国有单位职工中,而非国有企业中的从业人员大多都没有完备的医疗、养老和失业保障,其原因或者是由于企业的效益不佳无力办理,或者是经营者基于成本收益的考虑而违法不交。相对于城市居民而言,农民的社会保障水平则更低,近年来随着农业税的取消以及农村养老保险和新型农村合作医疗制度的推行，农民长期没有社会保障的局面有了很大改观，但对农民开展的社会保障的范围和力度还远远不足。2004 年我国社会保障支出 3440 亿元，仅占 GDP 的2.15%，而在发达国家，社会保障及福利是政府最主要的支出项目，在财政支出中一般比重高达 30%—50%，在 GDP 中的比重一般在 10%—30%。基本生存条件的满足需要社会保障制度的完善，而社会保障制度尚不完善、社会保障水平明显不足必然对培育弱势群体的道德造成阻碍。

因此，当前应当着力加强社会保障制度的完善，包括社会保障制度和民生建设投入两方面。重点应在最低生活保障、社会保险、保障性住房、义务教育几个方面，同时加快社会保障的发展速度和扩大保障规模。首先，应提高最低生活保障的标准，降低通货膨胀给消费能力带来的负面影响。同时还要严格审查低保申请人的实际状况，以防止个别不符合条件者弄虚作假，一边开着豪车、住着洋房，另一边又享受着国家给的低保。其次，应使社会保险与企业的经营能力相分离。从多年的社会保险运行情况来看，效益好的企业社会保险义务履行较好，而效益不好的企业履行较差。本来社会保障制度的推行旨在缩小和缓解收入上的贫富差距，但这种以企业经营能力强弱为基础而运行的保障制度显然导致越富越有保障、越穷越无保障的局面，难以发挥其正面的积极作用，因此应当调整再分配结构。再次，应加大保障性住房的建设力度。衣食住行是人维持基本生活的必要条件，住房对于生活起到了重要的保障作用。而在住房市场化及商品房价格迅速走高之后，保障性住房成了保障人们居住条件的民生大计。这几年，我国保障性住房发展较快，尤其 2011 年保障房成为民生重头戏，但是目前此项政策中仍然存在着资金投入比例小、分配不规范、覆盖范围不足等问题，因此还应在未来几年内继续加大投入的力度，进一步扩大保障性住房的对象范围，并不断规范保障性住房的申请程序。最后，要进一步扩大义务教育的范围，降低或逐步取消高等教育收费制度，同时增加对医疗保险的财政投入和支持，在满足人们基本的医疗需要的基础上，适当增加对大病、疑难病症的保险额度，从而促进底线道德的生成。

总之，社会保障制度作为一种社会再分配机制，其在缩小贫富差距和保障基本生活方面的作用非常显著。道德的生成需要生存做保障，只有满足了基本的生存需要，才具备培育底层群体道德的物质基础。因此，当务之急是从人性需要的视角出发，加快完善社会保障制度，通过对生存需要的满足来建构道德生成的基础。只有具备了良好的道德素养，才能从根本上杜绝和减少违法犯罪的发生，更好地促进法律的遵守。

（四）树立道德信仰，培育社会主义公民的守法道德

所谓信仰是指一种高级的情感，也称认同，深度认同则构成信仰。所谓法律信仰，其实就是社会主体在对法律现象的理性认识基础上油然而生的一种神圣体验，是对法的一种心悦诚服的认同感和归依感，是人们对法的理性、感情和意志等各种心理因素的有机的综合体。[①] 只有深度认同法律才能形成法律信仰，进而才能自觉遵守法律。正如伯尔曼所言："法律只在受到信任，并且因而并不要求强力制裁的时候，才是有效的。"[②]有学者主张，当代中国普遍缺乏法律信仰，正是由此才导致了违法犯罪的现象。而笔者认为，法律信仰的形成以道德为前提，即法律信仰能否形成要看法律是否充分涵盖并代表公平正义、平等自由的道德精神，如果说法律本身能够全面涵盖并代表中国现阶段主导性道德所要求的全部精神和内容，那么要求树立信仰法律不仅是必要的，也是应当的。无论是共产主义、儒家学说，还是个人主义、自然法则，任何一种社会都需要道德信仰的存在，当道德信仰本身需要借助于法律这种外在形式时，主张对法律的信仰，实际也就是主张对法律内在的道德精神和力量的信仰。人们从法制走向对法律信仰的研究，本身也说明人们看到了在外在的法律制度之下内在道德精神的重要性，如果一定要说缺失法律信仰，不如说缺失法律所蕴含的道德信仰。

西方国家从不缺失法律信仰，法律至高无上，然而，我们绝不能被这样

---

① 王莉梅、周娉：《试论公众法律信仰的培养》，载《山西高等学校社会科学学报》2006 年第 9 期。

② ［美］伯尔曼：《法律与宗教》，梁治平译，北京：三联书店 1991 年版，第 43 页。

一种表象迷惑。西方人最初对法律的信仰并不是因为法律本身,而是来源于对宗教的信仰,宗教之所以被信仰,是因为它满足了人们的精神需求,西方的法治与其自然法思想的发展和宗教信仰造就的心理文化是分不开的。后期资本主义伦理道德精神与法律制度紧密结合,人们在认同资本主义伦理道德精神的基础上必然对包含该种精神的资本主义法律衷心信仰。正因为法律与其主流道德观念紧密结合,法律充分表达了资本主义道德精神的核心理念,人们信仰资本主义道德观念,就必然要信仰代表这种道德观念的载体形式——法律。资本主义的个人主义核心道德观念与法律充分融合,使得信仰这一道德观念演变为对包含这种道德观念的资本主义法律的信仰。

在古代中国,法律也同样有着被信仰的基础,那就是儒家的伦理道德。虽然中国没有真正意义上的国家宗教,但由于儒家主张的伦理道德同时具有宗教的意义,故被称为儒教。换言之,在古代中国,被神圣化了的道德本身具有与西方宗教相同的功能。可以说,在古代中国人对以"三纲五常"为核心的宗法伦理的尊重毫不亚于同时代其他民族对于宗教的信仰。①古代中国的儒家思想和道德观念深入人心,即使没有健全发达的法律,也依然可以保持社会的稳定秩序。这也说明古代中国并不缺少信仰,只不过不是法律信仰而是道德信仰。

处于转型期的当代中国遭遇的正是道德信仰的危机。只有大力培育公民的社会主义道德信仰,并将其与社会主义法律紧密融合,才能形成对社会主义法律的信仰,进而实现积极守法。培育社会主义道德信仰,主要途径包括:

第一,培育道德认知的自觉。公民信仰法律的前提是信仰法律蕴含的道德精神。法律不仅仅是一种制度和统治工具,更重要的是,法律本身隐藏着一种公平正义的价值,代表了一种理想信念和文化力量。只有从内心敬重法律、信仰法律,法律才能真正发挥作用。只有公众心悦诚服地对法律认同及信仰,才能更好地实现法治。应当使公众充分了解和认识法律内在的

① 黄文艺:《法律信仰的类型——兼析中国人的法律信仰如何形成》,载许章润等:《法律信仰:中国语境及其意义》,桂林:广西师范大学出版社2003年版,第76页。

道德精神和价值理念，即法律是公平正义的化身，是良善的代表，只有通过法律和法律生活才能有效实现自身对秩序、安全、正义、自由、平等、幸福等美好事物的追求。也要让公众认识到法治的理想在于制约权力、保护权利、实现利益，法律是最高权威的规范标准和价值尺度。只有当公民对法律的遵守不是出于外在的强制，而是基于道德上的自觉时，法律价值的实现才获得了持久动力。当代中国如欲实现法治，必然要以社会主义道德的认知为前提。

第二，培育道德情感的自愿。正义、秩序、效率，只有这些能唤起公民神圣情感的理念渗透到现实的法律中，才能树立法律的权威性，才能得到公众的认同和依赖。也只有这种能唤起民众强烈的感情要求和理性趋向的法律才能深入人心，民众才能加以崇敬和信仰。道德信仰本身就是一种高级的情感，道德信仰一旦形成，就会抛却对各种利益的考量与权衡，即抛却功利性的驱动，而达到一种本能的守法需要，将守法视为理所当然的发自内心的首要选择。道德情感的培育不仅有助于增强公民对法律的敬畏感，同时还会增强公民对法律的归属感。由于对法律蕴含的道德精神和价值理念的认同，人们自然会对代表这种精神和理念的法律产生由衷的信赖与尊重，进而拥护法律。

第三，培育道德行为的自主。公民在对法律内涵的道德精神有了深刻的体验、感受，并自愿认同和接纳之后，必然会将这种认识和情感转化为现实的行动。公民道德认知和道德情感提升的高度，直接关系到守法的实现程度。如全国诚实守信模范刘洪安①、李国武②。公民只有以自觉和自愿为前提，只有认识上自觉、情感上自愿、行为上自主选择，才能达到守法的更高境界——积极守法。

① 刘洪安，河北省保定油条哥餐饮管理有限公司经理，他始终秉承为老百姓提供更安全、更健康、更营养的早餐的理念，坚持诚信经营，保障油条安全，被誉为“保定好人”、“油条哥”。

② 李国武，湖南省临湘市十三村食品有限公司经理，公司创办以来，李国武始终坚持“用道德标准做食品”，一直恪守“凭良心办厂、以诚心待人、用爱心回报”的人生信条，赢得了广大消费者的高度信任，产品享誉全国。

结　　语

本书从理论与实践两方面深入系统地分析了道德对法律运行的基础作用，对推动当代中国社会主义法律的有效运行、破解有法不依的社会难题提供了重要的理论依据，同时对于提高道德建设的实效性、维护稳定和谐的社会秩序也具有重要的现实意义。通过本书的研究，得出以下主要结论：

第一，制度、道德、法律是构建和谐社会的不可或缺的三个重要因素，制度是引导道德生成的前提，道德是法律运行的基础，法律是推动和谐社会发展的重要手段。法律的有效运行离不开道德的内在支撑，而道德的生成和稳固离不开社会基本制度的伦理引导。只有从加强制度建设入手，才能切实提高道德建设的实效性；只有道德素质获得提高，才能促进社会主义法律的有效制定、执行、适用和遵守。

第二，在法律建设中应充分重视道德的重要性，明确道德是法律运行的重要基础，道德是立法的精神引领，是法律实施的主体保证，是自觉守法的持久力量，法律强制性的发挥在很大程度上取决于行为人的道德水平。在理论层面应对积极守法与消极守法进行区分，并充分重视道德对积极守法的基础作用。当代中国违法犯罪的增多正是道德缺失的必然结果，西方国家与古代中国法律运行以道德为基础的历史实践进一步证明了道德对法律具有重要的促进作用。

第三，就总体而言，我国的法制建设仍然以大规模立法为特征，与立法相比，法律运行中的道德建设仍然相对滞后，大多停留于对基本道德规范的含义界定层面，而关于道德素质的培养还缺乏更为具体有效的制度支撑。由于制度对道德的利他性、道德情绪的正当性以及道德需要的引导不足，社会整体道德水平呈现下滑态势，并引发违法犯罪。因此，必须从制度建设入手，发挥制度伦理的引导功能，加强道德建设的实效性，从而发挥道德对法律运行的基础作用。

在本书的研究中，如何加强制度伦理建设是一个需要重点讨论的问题，囿于笔者的知识结构和理论视野，许多深层次的、更具现实性的问题还有待进一步研究。对我国当前体制改革的发展趋势和方向还需要更加全面、系统的分析和论证，同时还要继续搜集和掌握更具权威性的案例资料和更新的统计数据，以为研究观点提供更加有力的佐证。

参考文献

一、中文文献

[1] 曹长盛,张捷,樊建新.苏联演变进程中的意识形态研究[M].北京:人民出版社,2004.

[2] 陈万柏,张耀灿.思想政治教育学原理(第二版)[M].北京:高等教育出版社,2007.

[3] 陈秀萍.变革时期法律与道德的冲突问题研究——兼论法律的伦理性[M].北京:中国方正出版社,2008.

[4] 邓小平.邓小平文选(第一卷)[M].北京:人民出版社,1994.

[5] 邓小平.邓小平文选(第二卷)[M].北京:人民出版社,1994.

[6] 邓小平.邓小平文选(第三卷)[M].北京:人民出版社,1993.

[7] 顾海良.高校思想政治教育导论[M].武汉:武汉大学出版社,2006.

[8] 郭星华.法社会学教程[M].北京:中国人民大学出版社,2011.

[9] 黄和新.马克思所有权思想研究[M].南京:南京师范大学出版社,2005.

[10] 黄辉.法律意识形态论[M].北京:中国政法大学出版社,2010.

[11] 胡光志.人性经济法论[M].北京:法律出版社,2010.

[12] 侯惠勤.马克思的意识形态批判与当代中国[M].北京:中国社会科学出版社,2010.

[13] 怀效锋.德治与法治研究[M].北京:中国政法大学出版社,2008.

[14] 韩水法.正义的视野——政治哲学与中国社会[M].北京:商务印书馆,2009.

[15] 中共中央政策研究室.江泽民论社会主义精神文明建设[M].北京:中央文献出版社,1999.

[16] 江泽民.江泽民文选(第一卷)[M].北京:人民出版社,2006.

[17] 江泽民.江泽民文选(第二卷)[M].北京:人民出版社,2006.

[18] 江泽民.江泽民文选(第三卷)[M].北京:人民出版社,2006.

[19] 罗国杰.马克思主义思想政治教育理论基础[M].北京:高等教育出版社,2002.

[20] 宋希仁.道德观通论[M].北京:高等教育出版社,2000.

[21] 柯卫,朱海波.社会主义法治意识与人的现代化研究[M].北京:法律出版社,2010.

[22] 李建华,等.法律伦理学[M].长沙:湖南人民出版社,2006.

[23] 李建华,周小毛.腐败论——权力之癌的“病理”解剖[M].长沙:中南工业大学出版社,1997.

[24] 李建华.法治社会中的伦理秩序[M].北京:中国社会科学出版社,2004.

[25] 李本森.法律职业伦理(第二版)[M].北京:北京大学出版社,2008.

[26] 李辽宁.当代中国思想政治教育意识形态功能研究[M].武汉:武汉大学出版社,2006.

[27] 刘同君.守法伦理的理论逻辑[M].济南:山东人民出版社,2005.

[28] 刘正浩,胡克培.法律伦理学[M].北京:北京大学出版社,2010.

[29] 刘江江.深化社会主义法治理念与实践[M].上海:上海社会科学院出版社,2007.

[30] 陆学艺.当代中国社会阶层研究报告[M].北京:社会科学文献出版社,2002.

[31] 陆学艺.当代中国社会结构[M].北京:社会科学文献出版社,2010.

[32] 雷骥.现代思想政治教育的人性基础研究[M].北京:人民出版社,2008.

[33] 毛泽东.毛泽东选集(第一卷)[M].北京:人民出版社,1991.

[34] 毛泽东. 毛泽东选集(第二卷)[M]. 北京:人民出版社,1991.

[35] 毛泽东. 毛泽东选集(第三卷)[M]. 北京:人民出版社,1991.

[36] 毛泽东. 毛泽东选集(第四卷)[M]. 北京:人民出版社,1991.

[37] 孟祥锋. 法律控权论——权力运行的法律控制[M]. 北京:中国方正出版社,2009.

[38] 梅荣政. 用马克思主义引领社会思潮[M]. 武汉:武汉大学出版社,2008.

[39] 庞正. 历史唯物主义法学形成的理论脉象[M]. 南京:南京师范大学出版社,2006.

[40] 沈壮海. 思想政治教育有效性研究(第二版)[M]. 武汉:武汉大学出版社,2008.

[41] 沈原. 市场、阶级与社会:转型社会学的关键议题[M]. 北京:社会科学文献出版社,2007.

[42] 孙立平. 断裂——20 世纪 90 年代以来的中国社会[M]. 北京:社会科学文献出版社,2003.

[43] 孙立平. 博弈:断裂社会的利益冲突与和谐[M]. 北京:社会科学文献出版社,2006.

[44] 孙立平. 重建社会:转型社会的秩序再造[M]. 北京:社会科学文献出版社,2009.

[45] 孙国华. 马克思主义法理学研究:关于法的概念和本质的原理——兼论法是"理"与"力"的结合,"理"是基本的,"力"是必要的(第二版)[M]. 北京:群众出版社,2006.

[46] 苏力. 制度是如何形成的(增订版)[M]. 北京:北京大学出版社,2007.

[47] 陈金钊. 法理学[M]. 北京:北京大学出版社,2002.

[48] 石文龙. 法伦理学[M]. 北京:中国法制出版社,2006.

[49] 史尚宽. 宪法论丛[M]. 台北:荣泰印书馆,1973.

[50] 谭培文,陈新夏,吕世荣. 马克思主义经典著作选编与导读[M]. 北京:

人民出版社,2005.

[51] 王启富,刘金国.法律之治与道德之治——形式法治观的局限及其克服[M].北京:中国政法大学出版社,2008.

[52] 王洛林.全球化背景下的中国法治建设[M].北京:经济管理出版社,2010.

[53] 王启梁.迈向深嵌在社会与文化中的法律[M].北京:中国法制出版社,2010.

[54] 武步云.人本法学的哲学探究[M].北京:法律出版社,2008.

[55] 吴育林.社会主义道德与市场经济统一性研究[M].广州:中山大学出版社,2007.

[56] 魏敦友.当代中国法哲学的反思与建构[M].北京:法律出版社,2011.

[57] 徐明善,方永刚.中国特色社会主义最新理论成果专题研究[M].北京:人民出版社,2008.

[58] 徐海波.中国社会转型与意识形态问题[M].北京:中国社会科学出版社,2003.

[59] 徐运良.法治是如何实现的?[M].北京:法律出版社,2010.

[60] 许章润,等.法律信仰:中国语境及其意义[M].桂林:广西师范大学出版社,2003.

[61] 许娟.转型中国法治论衡[M].北京:知识产权出版社,2009.

[62] 夏伟东.道德本质论[M].北京:中国人民大学出版社,1991.

[63] 杨清望.法律权威:来源与建构[M].北京:知识产权出版社,2010.

[64] 杨炼.立法过程中的利益衡量研究[M].北京:法律出版社,2010.

[65] 余其营,吴云才.法律伦理学研究[M].成都:西南交通大学出版社,2009.

[66] 衣俊卿,等.20世纪的新马克思主义[M].哈尔滨:黑龙江教育出版社,2007.

[67] 尹晋华.法律的追求——写给执法者的书(二)[M].北京:中国检察出版社,2010.

[68] 张耀灿,等. 现代思想政治教育学[M]. 北京:人民出版社,2006.
[69] 张耀灿. 中国共产党思想政治教育史论[M]. 北京:高等教育出版社,2006.
[70] 张文显. 法理学(第三版)[M]. 北京:高等教育出版社,北京大学出版社,2007.
[71] 张文显:二十世纪西方法哲学思潮研究[M]. 北京:法律出版社,1996.
[72] 张文显,黄文艺. 法理学论丛(第四卷)[M]. 北京:法律出版社,2010.
[73] 张中秋. 中西法律文化比较研究(第四版)[M]. 北京:法律出版社,2009.
[74] 张华倩,吕瑞萍. 犯罪心理学[M]. 北京:中国检察出版社,1998.
[75] 郑永廷,张彦. 德育发展研究——面向 21 世纪中国高校德育探索[M]. 北京:人民出版社,2006.
[76] 赵树坤. 社会冲突与法律控制:当代中国社会转型期的法律秩序检讨[M]. 北京:法律出版社,2008.
[77] 卓泽渊. 法的价值论(第二版)[M]. 北京:法律出版社,2006.
[78] 卓泽渊. 法政治学研究[M]. 北京:法律出版社,2011.
[79] 周叶中. 宪法(第三版)[M]. 北京:高等教育出版社,2011.
[80] 朱兆中. 中国社会主义意识形态建设纵论[M]. 上海:上海人民出版社,2003.
[81] 中共中央宣传部理论局. 2007 理论热点面对面[M]. 北京:学习出版社,人民出版社,2007.
[82] 中共中央宣传部理论局. 2009 理论热点面对面[M]. 北京:学习出版社,人民出版社,2009.
[83] 中国法学会研究部. 马克思恩格斯论法[M]. 北京:法律出版社,2010.
[84] [美]埃弗里 · 卡茨. 法律的经济分析基础[M]. 北京:法律出版社,2005.
[85] [美]博登海默. 法理学:法律哲学与法律方法[M]. 邓正来,译. 北京:中国政法大学出版社,1999.

[86] [日]川岛武宜.现代化与法[M].申政武,等,译.北京:中国政法大学出版社,1994.

[87] [美]丹尼尔·贝尔.意识形态的终结——五十年代政治观念衰微之考察[M].张国清,译.南京:江苏人民出版社,2001.

[88] [美]弗朗西斯·福山.历史的终结及最后之人[M].黄胜强,许铭原,译.北京:中国社会科学出版社,2003.

[89] [美]格尔兹.文化的解释[M].纳日碧力戈,等,译.上海:上海人民出版社,1999.

[90] [美]伯尔曼.法律与宗教[M].梁治平,译.北京:商务印书馆,2012.

[91] [美]赫伯特·马尔库塞.单向度的人:发达工业社会意识形态研究[M].刘继,译.上海:上海译文出版社,2006.

[92] [德]哈贝马斯.作为"意识形态"的技术与科学[M].李黎,郭官义,译.上海:学林出版社,1999.

[93] [美]罗尔斯.正义论[M].何怀宏,等,译.北京:中国社会科学出版社,2001.

[94] [美]罗斯科·庞德.通过法律的社会控制法律的任务[M].沈宗灵,董世忠,译.北京:商务印书馆,1984.

[95] [美]罗纳德·德沃金.身披法袍的正义[M].周林刚,翟志勇,译.北京:北京大学出版社,2010.

[96] [美]罗宾·保罗·马洛伊.法律和市场经济——法律经济学价值的重新诠释[M].钱弘道,朱素梅,译.北京:法律出版社,2006.

[97] [美]路易斯·卡普洛,斯蒂文·沙维尔.公平与福利[M].冯玉军,涂永前,译.北京:法律出版社,2007.

[98] [法]卢梭.社会契约论[M].徐强,译.北京:中国社会科学出版社,2009.

[99] [法]卢梭.论人类不平等的起源和基础[M].李常山,译.北京:商务印书馆,1962.

[100] 马克思,恩格斯.马克思恩格斯选集(第一卷)[M].北京:人民出版

社,1995.

[101] 马克思,恩格斯. 马克思恩格斯选集(第二卷)[M]. 北京:人民出版社,1995.

[102] 马克思,恩格斯. 马克思恩格斯选集(第三卷)[M]. 北京:人民出版社,1972.

[103] 马克思,恩格斯. 马克思恩格斯选集(第四卷)[M]. 北京:人民出版社,1972.

[104] [美]德夫林. 哈贝马斯、现代性与法[M]. 高鸿钧,译. 北京:清华大学出版社,2008.

[105] [法]孟德斯鸠. 论法的精神(上册)[M]. 张雁深,译. 北京:商务印书馆,1997.

[106] [英]穆勒. 功用主义[M]. 唐钺,译. 北京:商务印书馆,1936.

[107] [英]米尔恩. 人的权利与人的多样性——人权哲学[M]. 北京:中国大百科全书出版社,1995.

[108] [美]诺内特,塞尔兹尼克. 转变中的法律与社会:迈向回应型法[M]. 张志铭,译. 北京:中国政法大学出版社,2004.

[109] [奥]欧根·埃利希. 法社会学原理[M]. 舒国滢,译. 北京:中国大百科全书出版社,2009.

[110] [英]乔纳森·沃尔夫. 当今为什么还要研读马克思[M]. 段忠桥,译. 北京:高等教育出版社,2006.

[111] [美]史蒂芬·布雷耶. 规制及其改革[M]. 李洪雷,等,译. 北京:北京大学出版社,2008.

[112] [美]塞缪尔·亨廷顿. 文明的冲突与世界秩序的重建[M]. 周琪,等,译. 北京:新华出版社,2009.

[113] [英]亚当·斯密. 国民财富的性质和原因的研究(下卷)[M]. 郭大力,王亚南,译. 北京:商务印书馆,2009.

[114] [英]亚当·斯密. 道德情操论[M]. 樊冰,译. 太原:山西经济出版社,2010.

[115] [古希腊]亚里士多德.政治学[M].吴寿彭,译.北京:商务印书馆,1965.

[116] 曹刚,吴晓蓉.守法的必然和应然:一个道德心理学的视角[J].河南师范大学学报(哲学社会科学版),2009(2).

[117] 曹刚.法伦理学如何可能——法伦理学的属性、使命和方法[J].求索,2004(5).

[118] 储著斌.试论公民守法的道德义务[J].江汉大学学报(社会科学版),2009(3).

[119] 陈建明.国内法律伦理研究综述[J].苏州科技学院学报(社会科学版),2004(4).

[120] 陈巧玲.试论道德是法运行的重要保障[J].中州学刊,1998(1).

[121] 陈运华.论法治建构的道德基础[J].探索,2001(5).

[122] 陈建坤,范春年,徐锋华.思想政治教育的法律价值探讨[J].福建论坛(社科教育版),2009(10).

[123] 陈晓雷,高晚欣.当代中国道德对法律的保障性研究[J].东北大学学报(社会科学版),2012(6).

[124] 陈晓雷.法律运行的道德保证[J].学术交流,2011(10).

[125] 陈晓雷.构建法律道德的正义基础[J].黑龙江社会科学,2011(3).

[126] 程颖.守法的道德依据[J].行政与法,2008(11).

[127] 范进学.论道德法律化与法律道德化[J].法学评论,1998(2).

[128] 范国兵.试析司法过程中的道德因素[J].广西政法管理干部学院学报,2003(3).

[129] 范小方,童学.中国共产党与新中国初期社会风尚的演变[J].中共党史研究,2008(3).

[130] 冯敬诺.法官的素养是实现司法正义的道德保障[J].理论学刊,2008(9).

[131] 高晓雁,卫守宇.道德建设是构建法制社会的重要基础[J].道德与文明,2005(6).

[132] 龚怀林. 司法道德的向度及其实现[J]. 南京医科大学学报(社会科学版),2010(3).
[133] 龚怀林. 法律运行伦理追问的依据和向度[J]. 安徽农业大学学报(社会科学版),2009(4).
[134] 龚怀林. 道德视域中的法律运行[J]. 安徽农业大学学报(社会科学版),2006(2).
[135] 郭渐强. 行政执法的伦理维度[J]. 求索,2004(8).
[136] 郭春涛. 论法律人职业道德的构成要素及生成环境[J]. 中国司法,2006(1).
[137] 顾越利. 法治与德治有效结合探析[J]. 福建法学,2005(1).
[138] 郝大林. 论守法道德[J]. 安徽农业大学学报(社会科学版),2006(1).
[139] 贾东桥. 法治道德在法治建设中的作用[J]. 社会科学,2001(4).
[140] 刘云林. 法律伦理的时代使命:为法治建设提供道德保障[J]. 道德与文明,2007(4).
[141] 刘云林. 法律运行道德追问的两重向度[J]. 伦理学研究,2005(1).
[142] 刘云林. 法治建设道德支持的依据及其维度[J]. 道德与文明,2005(2).
[143] 刘云林. 论公民守法道德的养成[J]. 中州学刊,2003(2).
[144] 刘云林. 论道德的法治价值[J]. 江苏社会科学,2001(6).
[145] 刘云林. 自然法学派和实证法学派论争的法伦理启示[J]. 伦理学研究,2012(1).
[146] 刘同君. 论和谐社会语境下公民守法的道德机制[J]. 学习与探索,2006(6).
[147] 刘一纯. 论法治中的道德因素[J]. 湖北大学学报(哲学社会科学版),2001(4).
[148] 刘新国. 论道德在法的运行中的作用[J]. 湖南广播电视大学学报,2003(2).

[149] 刘琨,吴骥.法的道德基础论证[J].山东大学学报(人文社会科学版),2002(3).

[150] 李翔.论道德建设对法治建设的作用[J].成都行政学院学报,2002(6).

[151] 李景国,赵锋,颜珂.我国权力道德法律化的途径思考[J].重庆文理学院学报(社会科学版),2007(2).

[152] 李齐全.论道德对法律的重要意义[J].浙江大学学报,1995(1).

[153] 罗国杰.论道德需要[J].湖北社会科学,1992(9).

[154] 马长山.法治社会中法与道德关系及其实践把握[J].法学研究,1999(1).

[155] 秦在东,李凯.思想政治教育在预防职务犯罪中的价值功能[J].信阳师范学院学报(哲学社会科学版),2005(3).

[156] 石先钰.论我国法官道德规范体系的建构[J].华中师范大学学报(人文社会科学版),2007(6).

[157] 孙玉峰.论守法道德教育的必要性[J].网络财富,2009(2).

[158] 唐凯麟,曹刚.论道德的法律支持及其限度[J].哲学研究,2000(4).

[159] 陶有云.论法学教学情境中的思想政治教育[J].安徽农业大学学报(社会科学版),2010(3).

[160] 田霞.法官道德对司法公正的影响及作用[J].煤炭高等教育,2003(4).

[161] 王怡,黄娟.论法治运行中的道德建设[J].山东省青年管理干部学院学报,2004(6).

[162] 王太平.法律教育和思想政治教育互补性的理性思考[J].武汉理工大学学报(社会科学版),2005(4).

[163] 汪建成.公正——法治的核心[J].法学评论,1999(1).

[164] 吴诚,贺志明.法律人道德价值的定位探析[J].湖南人文科技学院学报,2009(6).

[165] 魏江峰.论法律教育与道德教育的进一步融合[J].世纪桥,

2009(4).

[166] 向仕明.论守法的道德基础[J].法制与社会,2009(3).

[167] 夏熙吟.从罗马法的道德基础看我国法治[J].法律文献信息与研究,2002(2).

[168] 薛成有.论道德对司法的影响[J].太原师范学院学报(社会科学版),2007(4).

[169] 肖祥.论道德他律与权力约束[J].东岳论丛,2004(2).

[170] 杨金颖.论法治的道德支撑[J].道德与文明,2003(5).

[171] 喻安伦.浅论法治运行中的道德因素[J].法商研究,2001(4).

[172] 尹晓敏.论法治的道德基础[J].浙江工程学院学报,2004(1).

[173] 岳悍惟.法官的司法伦理基础探析[J].法学论坛,2002(6).

[174] 张建贤.略论道德建设对依法治国的基础作用[J].北京青年政治学院学报,2002(1).

[175] 张俊岩.论法治建设的道德基础[J].电子科技大学学报,1999(3).

[176] 张俊华.法律职业内在道德规范解析[J].十堰职业技术学院学报,2004(1).

[177] 张有亮,原新利.论法治构建的道德维度[J].甘肃理论学刊,2004(3).

[178] 张洪春.现实的人:马克思人性论的基石[J].肇庆学院学报,2004(3).

[179] 曾钊新.论道德需要发展的社会轨迹[J].中州学刊,1992(4).

[180] 仲崇盛,宋戈.论"依法治国"中法律与道德的关系[J].理论与现代化,2001(1).

[181] 贾金易.当代中国官德建设研究[D].东北师范大学,2011.

[182] 刘同君.守法的伦理学分析[D].南京师范大学,2005.

[183] 刘雪丰.论公共行政人员的道德责任[D].湖南师范大学,2004.

[184] 李彬.走出道德困境——社会转型下的道德建设研究[D].湖南师范大学,2006.

[185] 林立公. 道德治理及其实现方式研究[D]. 吉林大学,2005.

[186] 孟昭武. 行政权力行为的伦理审视[D]. 湖南师范大学,2004.

[187] 石先钰. 法官道德建设研究[D]. 华中师范大学,2006.

[188] 王瑛. "理性经济人"与"市民社会"——从唯物史观的立场出发[D]. 复旦大学,2010.

[189] 徐云鹏. 中国现代官德建设研究[D]. 中共中央党校,2003.

[190] 夏瑜杰. 当代中国守法问题研究[D]. 南京大学,2012.

[191] 袁东生. 我国权力制约与监督制度研究[D]. 山东大学,2011.

[192] 周慧. 法律的道德之维——德沃金法伦理思想研究[D]. 湖南师范大学,2008.

[193] 陈道喆. 法官职业伦理浅论[D]. 复旦大学,2009.

[194] 黄志磊. 法治进程中道德约束机制的缺失及其克服[D]. 黑龙江大学,2011.

[195] 井方. 关于我国公民底线道德建设的探讨[D]. 贵州大学,2008.

[196] 姜丽. 论社会主义司法职业道德建设的基本路径——社会主义核心价值体系指引下的司法职业道德建设[D]. 陕西师范大学,2010.

[197] 姜立. 我国公务员行政道德的缺失及其治理 [D]. 河海大学,2005.

[198] 李珂. 论法的动态运行中的道德基础[D]. 武汉大学,2003.

[199] 刘晓辉. 中国当代道德缺失现象的根源探析[D]. 陕西师范大学,2012.

[200] 欧元雕. 当代中国法治的道德基础研究[D]. 南京师范大学,2004.

[201] 石春金. 论法治的道德基础[D]. 武汉大学,2005.

[202] 石彦波. 腐败问题的道德素质成因及对策研究[D]. 河北师范大学,2010.

[203] 田瑞华. 当代中国社会转型时期的行政伦理重建[D]. 内蒙古大学,2004.

[204] 涂文娟. 论道德与法律的关系[D]. 湘潭大学,2003.

[205] 王田园. 法治实践过程中的道德基础分析[D]. 郑州大学,2010.

[206] 王薇.论法治进程中的道德支持[D].南京师范大学,2002.

[207] 魏高雁.法治建设的道德保障研究[D].中北大学,2011.

[208] 夏兰英.良知不存,法将焉附——从三鹿奶粉事件看良知对法律的作用[D].湘潭大学,2010.

[209] 庄伟华.腐败治理的道德维度研究[D].上海交通大学,2008.

[210] 周慧.在依法治国的进程中实现以德治国[D].华中师范大学,2002.

[211] 张艳.论法律的道德价值及其实现[D].武汉大学,2004.

[212] 张耀宁.中国社会道德信仰的现状与重建[D].太原理工大学,2010.

二、外文文献

[213] Hart H L A . The Concept of Law[M]. Oxford: Oxford University Press, 1961.

[214] Hart H L A . Law, Liberty, and Morality[M]. Oxford: Oxford University Press, 1963.

[215] Fuller L. The Morality of Law: Revised Edition[M]. New Haven: Yale University Press, 1969.

[216] Levy M J . Modernization and the Structure of Societies[M]. Princeton University Press, 1966.

[217] Unger R M. Knowledge and Politics[M]. New York: Free Press, 1975.

[218] Horowitz D L. The Courts and Social Policy[M]. Brookings Institution Press, 1977.

[219] Beauchamp T L. Philosophical Ethics: An Introduction to Moral Philosophy[M]. New York: McCraw-Hill Book Company, 1982.

[220] Price D K. The Scientific Estate[M]. Cambridge: Harward University Press, 1956.

[221] Milgram S. Obedience to Authority: an Experimental View[M]. New York: Harper & Row Publishers Inc, 1974.